白山信仰の謎と被差別部落

前田速夫

河出書房新社

白山信仰の謎と被差別部落

◉

目次

装幀——山元伸子
カバー写真——前田速夫
「甲州花水坂の白山大神社」

白山信仰の謎と被差別部落

序章　白山信仰の謎と被差別

白い宗教と黒い宗教

白山信仰は、白い謎に包まれた宗教である。「何が謎なのか、実はそれさえ、はっきり解らない」と書いたのは、大判の写真集『白山　信仰と芸能』の著者藤本四八だが、巻末に付された文章のこの一行に、深くうなずかされたことを忘れない。

私は前著『白の民俗学へ　白山信仰の謎を追って』(河出書房新社)で、この謎がいったいどういったものであるかを、さまざまな角度から取り上げてみた。本書はいわばその続篇で、主には白山信仰と被差別の問題をめぐって、その後に発表した文章を収録した。

白山信仰とは何かについては、『民間信仰辞典』での宮田登の記述をもって替えさせていただく。

白山（シラヤマ）の想像図
（早川孝太郎『花祭』より）

石川県と岐阜県にまたがって鎮座する白山比咩神社に対する山岳信仰。加賀白山は、富士山と並ぶ万年雪をもつ秀麗な山岳であり、白山の名称もそこから生まれたと考えられている。山神は、主神に菊理媛《きくりひめ》命という女神が設定されている。この女神は、かつて伊弉諾命が、伊弉冉命を冥界に訪れ、死穢に触れたため現世に戻れない状態になった時、禊祓《みそぎはらえ》をすすめた神格として知られている。つまり原初的意味は、穢《けが》れを払う神ということになる。

古代末に泰澄が登拝し、山岳が開かれ、中世には白山修験が蟠踞するところとなった。白山修験の信仰圏は、北陸を経て東北地方に及んでおり、各地の白山神社は、白山修験による信仰圏拡大の結果とみられている。しかし一方には、ハクサンといわずシラヤマと呼ぶ信仰形態がある。奥三河の民俗芸能として知られる花祭りは、古風な神楽であるが、安政二年（一八五五）の文書によると、当時白山（シラヤマ）と称する行事があった。これは六十歳になった老人が、白い建物に入り、生まれ変わって出てくる、「生マレ清マリ」の儀礼だと考えられている。シラは、古語で、人の誕生を意味するものであり、シラヤマには、再生儀礼が伴っている。白山信仰は、修験道化した山岳信仰の一つの型を示すものといえる。東日本の被差別部落と白山との関係には、そうした神楽に含まれた禊祓儀礼や再生儀礼が影響を与えていると考えられる。

私はこの白山信仰を、以前、熊野信仰との比較で考えたことがある。両者ともに「死の宗教」

で、「浄、不浄をきらはず」（一遍上人）、死やケガレからのヨミガエリを中核にしている。イザナミがみまかったという伝承のある「花の窟《いわや》」や、説経節の『小栗判官』で、土車に引かれて湯の峰まで来た小栗が、温泉に浸かってよみがえるのは、熊野が死と再生の原郷と見なされていたことの反映であろう。三山形式や本山派修験の活動、御師《おし》や比丘尼による唱導や牛王《ごおう》札配り等々、形態でも重なるところがある。

けれども、「隠国《こもりく》」の熊野は黒い森の中を「死出の山路」が通り、天地を串刺しするように落下する荘厳な那智の滝や、補陀落渡海を果たすべき黒い海＝黒潮、果ては神使《みさき》のカラスまで、黒い神秘を宿しているのに対して、白山信仰は白の神秘を宿している。一般には虫歯治しの神様、疱瘡治しの神様、縁結びの神様、子供好きの神様、お産の神様として崇められている白山神だが、熊野信仰が「黒い宗教」なら、白山信仰は「白い宗教」であろうか。東国では熊野社の転位と見られる白山社も数多い。

前著で私が指摘した白山信仰の白い謎とは、以下のようなものだ。

一　白山信仰の開祖とされる泰澄（六八二—七六七）は、同時代の行基や道昭や玄昉と交流があり、勅により元正天皇のもとに参内、不予を平癒した功で、禅師の位を授けられたとの伝承がある（『泰澄和尚伝記』ほか）が、『続日本紀』をはじめとする正史に、その名は見当たらず、実在が確かめられていない。はたして、泰澄とは何者か。

二　主神の菊理媛は、『日本書紀』神代巻第五段の一書の十にのみ登場し、ただ一行「是の時に、菊理媛神亦た白《ま》す事有《もう》り」としか書かれておらず、何と言ったかも不明である。それまでのシラヤマヒメ＝イザナミに代えて、この謎の女神を主神に据えたわけは。

三　北陸の一地方神でありながら、中部、東北、関東、近畿、西日本、四国、九州と全国的な信仰圏を有する。かくまで浸透した理由は。

四　イタコが遊ばせるオシラ神や、クグツの徒が祀る百神（白神）、百大夫（白太夫）は白山神と同類。そのほか、白日神、白髭神、天白神や、白山信仰の宣布者として知られる白比丘尼（八百比丘尼）もそうで、これら「白い神々」には、白あるいはシラの神秘がついてまわり、その実体はいまひとつ定かではない。白山神とはいかなる関係にあるのか。

五　白山神社を鎮守とするのは、東国の被差別部落にかぎらない。少数ながら、西国の被差別部落にも存在する。その理由は。

六　白山がハクサンと音読みされるのは江戸中期以降で、それ以前はシラヤマ。白山信仰の前身である原《ウル》シラヤマ信仰の本源は。

当然のことながら、右の六つの謎は、互いにリンクしている。ややこしい考証の過程は省略して、私が前著で述べたとりあえずの結論の一つは、白とシラに共通する語幹ＳＩＲがユーラシア大陸のほぼ全域で、光、大地、風など、畏敬すべき自然そのものを指し、アニミズムやシャーマニズムとも密接な繋がりがあることなどを理由に、その宗教的・民俗的な淵源は、ユーラシア大陸のどこかに見出され、それが日本列島にもたらされたについては、朝鮮半島の果たした役割が大きいであろうというものであった。

本書と同時進行で年内に刊行予定の『海を渡った白山信仰』（現代書館）で、私はそれが中国・朝鮮国境部の白頭山の麓の白山《ペクサン》部で早くからpărk（白《ハク》）の信仰、つまり天空信仰（これが原《ウル》シラヤマ信仰である）を保持していたツングース系の一部族である濊《わい》（朝鮮語の読みはウェ）族（穢族）が南下して日本では秦《はた》氏と呼ばれた渡来人秦《チン》氏と接触し、彼らのリレーによって日本列島に運ばれたことを述べた。この原シラヤマ信仰が、その渡来以前には、太古のユーラシア大陸全土に共通し、わが国でも原初の信仰として崇拝されたシラの信仰（大地母神信仰・太陽信仰・稲霊信仰・再生信仰）と合体してシラヤマ信仰となり、これを基に、奈良時代初期、越《こし》の白《しら》山《やま》に初めて登拝した山岳修行の私度僧泰澄が、当時流行の兆しを見せていた神仏習合の思想を逸早く取り入れて、その宗教理念を確立したのが、今日白山《ハクサン》信仰の名で知られているもののスタートだったのである。同著にはその経緯並びにその後の変容についても書いているので、本書と併せてお読みいただけると有難い。

白とシラ

世界地図を開くと、白山と称する山があちこちに見つかる。白頭山（別名太白山、中国名は長白山）もそうだが、ヨーロッパ・アルプスの名峰モン・ブランは、フランス語で白い山の意だし、スペインや北米大陸西部のシエラ・ネヴァダ山脈も同じ。アジア大陸ではヒマラヤのダウラ・ギリがそうで、シルク・ロードの天山も旧呼称は白山だった。アフリカの最高峰キリ・マンジャロは「輝く山」の意だから、白山と同義。どれも白く輝く雪を戴いた、聖なる山にいます神々に対して人類が抱いた、畏怖と崇敬の気持が、信仰心へと結晶したものであろう。

佐竹昭広によると、古代日本語で純粋な色名は、アカ（明）、シロ（顕）、クロ（暗）、アヲ（漠）の四色に限られていた（『古代日本語に於ける色名の性格』）。しかも、この場合のシロはホワイトではなくて、白木がそうであるように、樹皮を剥いだ、素のままの状態の色を指しており、それが漢字の「白」と同じホワイトを意味するようになったのは、十世紀中葉以降のことであったた（前田雨城『色　染と色彩』）。これはむろん、古代日本語の使用者が、右の四色しか見えなかったことを意味しない。ムラサキ、クレナイ、ミドリ等々、古代人が多くの色彩を微細に見分けていたことは『万葉集』に明らかで、顔料・染料等に転用された元の植物や鉱物の名である。したがって、対象となる物体を持たないこれら四色は、当時にあって珍しく抽象度の高い色彩として観念されており、それが光の感覚に依拠したものであったことに注意しておきたい。こうした事情は、古代ギリシアでも変わらない。ホメロスの叙事詩の言語的風景は、究極的には無色で、大多数は光を表す言葉であったという。

他方、吉田禎吾著『魔性の文化誌』は、文化人類学者のV・ターナーがアフリカのンデンブ族を調査した結果を次のように紹介する。すなわち、白（ホワイト）は女性の乳、男性の精液の色で、純粋、善、生命などを表し、赤は血液や肉の色で、状況に応じて良い意味にも悪い意味にも用いられ、黒は死による変化、腐食の色であり、病気、死、悪などを表すとして、白と黒が対比される時は、白は浄、正、生、幸などを表すのに対し、黒は不浄、不正、死、不幸などを指し、儀礼で白と赤が対比される時は、赤は黒と同じように悪い意味に用いられるとのこと（『ンデンブ人の儀礼における色彩の象徴性』）。

そのほか、白のシンボリズムに関して私が注意を惹かれた項目を、『世界シンボル大事典』から抜きだすと、以下のごとくであった。


〈色彩・象徴〉この白は、ある場合は色彩の欠如、ある場合はあらゆる色彩の総和を意味する。昼間の生活と顕現した世界では、ある場合には出発、ある場合には結末に白が置かれる。

〈夜明け〉東の白は、回帰の色である。夜明けの白である。まだ色はないが、すべてのエネルギーの源である夜の腹を通過する。儀式で白色を使うことの象徴的意味は、全体としてこの自然観察から生まれる。

〈象徴・死〉すべて象徴的に考えると、死は、生に先行し、誕生は、すべて、再生である。このため、白は、もともと、死と悲嘆の色である。

〈アフリカ・幽霊〉白は、幽霊の色である。エリアーデは指摘する。「しばしば、通過儀礼では、白は、第一局面、死との戦いの色である」。

〈ケルト・聖職〉ケルト民族では、この積極的な白は、〈聖職者〉のための色である。ドルイド僧は、白を着る。


それでは、わが国の白山信仰の白色は、どう考えれば良いだろうか。私は右に抽出した要素はすべて当てはまると思っているけれど、加うるに次の二つが重要に思われた。

一つは柳田國男が『明治大正史 世相篇』の冒頭で「現在は台所の前掛に迄も使はれるやうになつたが、白は本来は忌々しき色であつた。日本では神祭の衣か喪の服以外には、以前は之を身に着けることは無かつたのである」と──喪服の黒は、昭憲皇太后（明治天皇妃）の国葬で、西欧式を採用して以来──、「天然の禁色」だったゆえんを述べていたことである。つまり、それは日常の俗を超越したハレの色、聖なる色、神秘の色であったと同時に、畏怖の念を呼び覚ます怖い色、タブーの色でもあった。

もう一つは、お隣の朝鮮半島で人びとが白衣を好み、李朝の白磁など、白色が目立つのに対して、在日の民俗学者が、それは柳宗悦が言うような喪の色、悲しみの色であるよりは、むしろ天空信仰にささえられた明るさの色であって、太陽の白光に由来すると述べていたことである（金両基『韓国の石仏』）。ちなみに、呉満『言語から見た「白」の世界──朝鮮語と日本語を比較して』は、中期朝鮮語の「ᄒᆡ」/hsida/（白い）は、日および太陽を意味する「ᄒᆡ」/hsi/に接尾辞「-다」/-ta/が添加して、太陽の明るい属性を表現したものと考えられるとし、語源学上、日本語の「しろ」「しら」とも同根であると主張していた。

私がこのように、白という色の性格とその両義性、多義性に着目するのは、そこに白山信仰の特質が結晶していると思われることと、被差別の問題も含めて白山信仰にまつわるさまざまな謎を解く鍵があると考えるからだ。

先達は菊池山哉

ところで、私が白山信仰のさまざまな謎、とりわけ本書のテーマである白山信仰と被差別の問題に目を開かれたのは、菊池山哉の著作を読んだことがきっかけだったので、本文に入る前に、そのことも一言しておきたい。

在野の民俗研究家菊池山哉の身上は、旺盛なフットワーク＝余多歩きと、アカデミックな学者にはとうてい思いつかぬ大胆な洞察力・構想力である。被差別部落に白山神社が鎮座しているわけを解明しようと、白山千社参りと称して関東の被差別部落から始めてほぼ全国に及んだ踏査の記録は、彼の二大主著である『長吏と特殊部落』と『別所と特殊部落の研究』に収められている。

山哉の見解がどういうものであったかは、拙著『余多歩き　菊池山哉の人と学問』（晶文社）に詳述した。その核心を一言で言えば、被差別部落に白山神が祀られたのは、源頼朝が義経を追捕しようとして、各地の関所近くに長吏を配したことに始まり、白山神の前身であるシラヤマ神はもともと日本列島の原住民が祀った神であるとのことであった。

周知のように、戦後の部落解放運動がリードした被差別部落史の定説は、被差別部落が発生したのは身分制を強化した江戸幕藩体制の結果であって、近畿地方の一部に中世にさかのぼる部落があったとしても、それは例外に過ぎないというものだった。いわゆる近世政治起源説である。くらべて今日では、中世起源説の比重がよほど高まっているとはいえ、基本的なスタンスに変わりはない。まして、日本列島の原住民は、今日サハリンの一部にごく少数が残存する、ツングース系の北方少数民族ウィルタで、ウィルタがウエッタ→エッタ→エタと転訛したなどと言われては、誰しも首を傾げざるをえなかっただろう。

戦前に有力視されたことのあるアイヌ＝原日本人説の変形である。論の粗さは措いて、仮に山哉説を認めるなら、原日本人の血を引く私たちは、例外なく被差別の民であるばかりか、日本人の宗教心の基底にはシラヤマ信仰が宿っていたことになるわけで、その点が私にはまことに刺激的、かつ目からウロコの推論だった。

被差別部落の古代起源説、民族起源説は、とうの昔に克服されたはずの謬説である。だから、この点にかぎっては、私も山哉説を鵜呑みにするわけではない。しかしそうではあっても、わが国における神社信仰の起源に重ねてそのことを追求してゆくと、どうしてもそこまで踏み込まざるをえないという道すじはよく理解できるし、私があえてシラヤマ信仰渡来説を提唱したのも、その応用であるといっていい。

これまで、菊池山哉を除いては、いかなる学者も、そこまでさかのぼって論じたことはなかった。これには理由があって、被差別部落の古代起源、民族起源を立証するとなると、天皇と被差別部落、天皇と異民族という、わが国近代の二大タブーと抵触するからで、そうでなくても人権尊重と民主主義の建前が最優先する今日、たとえ学問の世界であっても、はばかられたからだ。それゆえ、私はひとり彼のみがこの問題を真正面から論じたことを、高く評価する。

先達山哉にならって、これまで多くの被差別部落に足を運んで、その地の白山神社がいつごろから祀られているか調べてきた。そのたび感嘆するのは、彼の綿密な調査ぶりと着眼の良さだった。くらべて、私には誇れるようなものは何もない。とりえは、山哉がデータと直感で迫ったところを、いくぶんか民俗や精神史の問題としてとらえ返してみたことぐらいだろうか。

ともあれ、白山信仰と被差別の問題には、なお多くの謎が残されている。それを考えるよすがを、本書の中からいくらかなりと見つけてもらえれば、著者として本望である。

第1章　被差別部落が祀る白山神

弾左衛門屋敷の白山神

私の知るかぎり、被差別部落が白山神を祀っていることを最初に指摘したのは、柳田國男である。（出典は大正二年五月に発表された『所謂特殊部落ノ種類』。今日の人権意識に照らすと不適切な表現があるが、歴史的な文献なので、用語は原文にしたがう。以下同）。

白山権現モ古クハ此（穢多非人）類ノ特殊部落ヲ養ヒシカト思シク、其配札ニ仮托スル者諸国ヲ巡業シ、白山相人ト称スル賤民各地ニ居住ス。（中略）関東地方ハ穢多部落ノ氏神ハ例ノ浅草新谷町ヲ始トシテ多クハ白山神社ヲ祀レリ。此点ハ頗ル興味アル事実ニシテ他ノ特殊部落ニモ此神ヲ崇祀スル例少ナカラズ。讃州木田郡下高岡村ノ白山相人ハ極メテ卑賤ナル陰陽師ニ

足利市の旧長吏小頭邸内の白山社
（平嶋彰彦撮影）

シテ白山ニ仕フ。生計ノ為ニ箕ヲ作ル。奥州地方ノ「モリコ」又ハ「イタコ」ト名ヅクル一種ノ巫女ハ口寄ヲ為スニ白山明神ノ名ヲ唱ヘテ祈ル。又甲州ニ昔白神筋ト称スル特殊部落アリシガ如キ、何レモ偶合ニハ非ザルベシ。

けれども、柳田はこう指摘したのみで、こと白山信仰と被差別の問題に関わっては、以後緘黙を通した。初期には山人や巫女、毛坊主など、非常民の来歴に強い関心を示したのに、一転して常民の民俗を研究することを生涯のテーマとした柳田である。意識的にこの問題を避けたのは、やむをえないとしなければなるまい。代わって登場したのが、翌年七月主宰する「民族と歴史」二巻一号を「特殊部落研究号」とした歴史家の喜田貞吉であり、大正十二年七月（実際は大正三年三月には脱稿していた）『穢多族に関する研究』を世に問うた菊池山哉であった。

文中、浅草の穢多部落の氏神とあるのは、関八州のエタ頭弾左衛門の屋敷内に祀られていた白山神（現在は近くの今戸八幡神社に合祀されて存在しない）を指す。『部落史用語辞典』はその屋敷についてこう記している。

山谷堀北岸にあり、東西北を寺に囲まれ、寺屋敷のすぐ東を隅田川が流れ、山谷堀をほんの少々遡った西側に新吉原遊廓、その西に隣接して車善七配下の非人聚落と溜があった。また、すぐ西を通る奥州街道を少し北へ進んだ地点に小塚原刑場が存在した。弾屋敷は広さ一〇〇〇坪余り、一万坪を超える浅草新町の南端に位置した。幕末の屋敷図では、長屋門を表門として配下の穢多がこれを警護し、中門を通ると高張提灯を掲げた大玄関があり、そこを入ると四〇畳の表座敷、その奥に書院・座敷、上段の間と続く。弾が老中・若年寄・三奉行などへ年賀の挨拶に出かける際には、羽織袴・帯刀の供を先頭に、自身は麻裃を着用して帯刀、長棒駕籠に乗り、その脇を裃・帯刀の者が固め、槍持ち・草履取り・挟箱持ちなど、二、三〇人を従えた。婿入りの行列もほぼ同様であった。弾の手代が代理として町奉行へ出頭するときにも、羽織袴・帯刀のいでたちで、小者を供にした。『世事見聞録』が「凡そ三千石程の暮し方」と述べているように、弾は上級旗本さながらの「格式」をもち、屋敷を構えていたのである。（成澤栄寿）

ところで、東国の被差別部落の多くが白山神を祀っているのは、関八州のエタ頭浅草の弾左衛門の一子が天然痘（疱瘡）を患ったとき、加賀の白山に祈願したところ快癒したので、感謝して自邸に勧請、各地の被差別部落もそれにならったというのが、従来の通説であった。

これは、練馬の長吏小頭杉本惣兵衛家の分家同重右衛門の孫で、練馬白山神社の神主を務めたことのある夏山茂（本名杉本重利）が『部落に於ける口碑伝説記録の研究』（『同和事業研究』六―二）中で書き留めていることと一致するが、何を根拠としたものか、彼は「明和六年（一七六九）令して配下の部落に勧請せしめた」と、その年代まで明示していた。

弾左衛門配下の被差別部落の多くが江戸中期に白山神を勧請して、自分たちの氏神としたのは事実としても、不審なのは浅草新町の弾左衛門囲い地の中にあったその白山社は、文献では嘉吉元年（一四四一）に千葉直胤が創建した（『今戸神社略記』ほか）とあることで、弾左衛門宅が旧地鳥越から同地に移転したのは正保二年（一六四五）だから、それ以前から存在したことになるし――ちなみに、日本橋にあった旧吉原（葭原）が大火後、浅草山谷に移転したのは明暦三年（一六五七）――、練馬白山神社も境内の大欅（国天然記念物）が樹齢八百年以上だから、鎌倉時代の創建になることは疑えない。また、これは山哉の調査で初めて明らかになったことだが、弾左衛門の支配地域以外でも、信州や東海、さらには近畿、四国・中国、九州などでも、白山神を鎮守にする被差別部落はかなりの数にのぼる。

一口に被差別部落といっても、東国と西国では様相が異なるし、成立の事情もさまざまで、エタ部落系と非人部落系とを一緒に論じることにも無理があるけれど、前述したように、菊池山哉は通説を否定して、東国の長吏部落（エタ部落系）の始源は、源頼朝が義経追捕のために関所近くに人を配したことにさかのぼり、長吏の名は加賀白山権現の最高職名にちなむと断じた。その点は私も賛成で、つまりは中世以降、東国のみならず各地の被差別部落に白山信仰を伝えた修験者・御師がいて、それが部落内に白山神を勧請することにつながったと考えている。

シラヤマ神社とハクサン神社

先に述べたように、被差別部落の多くが白山神を祀っていることを早い時期に指摘したのは柳田國男であったが、その柳田への書簡（『大白神考』所収）中で、ロシア出身の民俗学者・東洋言語学者のネフスキーは「北神谷《きたかべや》の鎮守様は御承知の通り白山神社です。之をあやまつてシラヤマ神社と言ふと百姓が非常に怒るさうです。『我々は立派な百姓ですが、バンタではあるまいし』と」(大正九年九月二十日付)と書き送った。

これはどういうことかというと、菊池山哉もたびたび指摘しているように、同じ白山神社でも、ハクサン神社と音読みする場合は一般の村落が祀る神社を指し、シラヤマ神社と訓読みする場合は、バンタ(番太)=長吏、つまり被差別部落が祀る神社を指すという区別があるというのだ。

ネフスキーがそう書いたのは、同年八月二十五日、柳田の紹介で地元の民俗研究家高木誠一を訪ねた福島県磐城市(現いわき市)草野村でのことだが、この高木は後年岩崎敏夫による聞き書き『磐城民俗誌』で、季節ごとにやって来る遊行神人のなかに「じゅう」と呼ばれる番太がいたとして、次のように語っているから、おそらくこのあたりのことを耳にしたと思われる。

正月、歳徳神・田の神を祝って、アーラおめでたいと節面白く団扇太鼓をたたいて来る番太で、浅黄の股引をはき、浅黄の袋をかついで米を貰って歩いた。米や野菜をねだられるのは困ったもので、じゅうににらまれると野菜等も駄目だと言ったものだ。昔は家の中にまでは入って来ないものであったが、のちにはそうでもなくなった。

番太のまつっている神様は白山《しらやま》権現といい、これは昔天子様の御子様に白子があった、これを祀ったものであるという。祠守りのためにお正月歳徳神を祝って米等を貰い歩くことを許されたのがはじまりだとしているらしい。

番太の親分は平城下新川町にすむ白土六左衛門であった。明治四年番太の名も廃され、足をあらって磐前県庁の下役に出たことがあったが、当時世間では、いくら洗ってもツリ桶（肥料桶）はニナイ（飲料水桶）にはなるまいと言ったりした。昔は穢多非人は木綿の縞衣裳で三尺帯をしめ、角帯はかたく禁ぜられ、褌は浅黄色、髷の元結は二巻きにきまっていた。

ずいぶんと露骨なことが書かれていて驚くが、これが当時一般民が被差別者へ向けた眼差しだったのである。

平成十六年も押しつまったある日、私は所属する「白山の会」の仲間の一人が、青森県八戸市にもわずか八百メートル足らずのところに、ハクサン神社とシラヤマ神社の両方があるそうだと以前話していたことを思い出して、現地を訪ねてみた。

八戸までは東北新幹線が延びたおかげで、東京からはほぼ三時間、朝一番の列車に乗ると、昼前に到着した。事前に市内の地図を見て、ハクサン神社の場所は確かめてあったが、シラヤマ神社のほうは出ていない。そこで、新幹線の車中から市立図書館内の市史編纂室に電話を入れ、市内の白山神社のことで教えてもらいたいことがあるのでこれから行くとアポイントを取ってから、駅前でタクシーをつかまえ最初に寄ってもらった。

応対してくれたのは若い室員で、市内の詳細地図をだいぶ長いこと睨んでいたが、たぶんここでしょうと場所を教えてくれ、参考になるかもしれないと、活字に起こされた八戸白山神社の『縁起』をコピーしてくれた。

教えてくれた神社は、住宅地にある十坪にも満たない小祠で、神社名は標されていなかった。

次に八戸白山神社へ行った。こちらは社殿が立派で、正面に「正一位白山宮」の額が掲げてあった。広い境内の傍らにある神主家に挨拶し、案内を乞うと、宝暦八年（一七五八）以来、代々その職を継いできたという神主氏は、神社の由緒を墨書した高札を指差しながら、誇らしげに歴史を語った。

祭神はイザナギ、イザナミ、キクリヒメの三座で、文永年間（一二六四－七五）に加賀白山権現を勧請したのに始まり、貞享元年（一六八四）に地元の住人高橋吉左衛門正久（後の大和守正久）が再興、享保十六年（一七三一）には京都の吉田家から正一位を授かり、社地は近くの山上から麓の現在地へと天保二年（一八三一）に移されたとのこと、シラヤマ神社については、「あれはうちとは系統が違う。明治になってから、職を失った修験が新たに作ったものですよ」と、そっけなかった。

念のため、そのシラヤマ神社の所在地を確かめると、先ほどの小祠とは微妙に位置が異なっているので、帰りがけタクシーに寄ってもらうと、先ほどの小祠に隣接する二階建てアパート二軒の真裏に、それはあった。鳥居の横には銀杏の大木がそびえていて、こぶりな社殿には白山神社と真新しい墨書で横書きされた額が掛かっている。鰐口から垂れる紅白のねじり紐には鈴がいくつも付いていて、近くの住人が詣でるのに相応しい優しげな風情だ。境内の石塔を調べると、「奉納南無大師遍照金剛　四国八十八ケ所　西国三十三ケ所　天下泰平　日月晴朗　嘉永三年（一八五〇）三月　願主徳太良」以下四名の名前が彫ってあったから、明治以後の建立であるわけがない。背の低い石祠がいくつもあって、なかに丸石が収められ、そばに陽石が並んでいるのも、江戸時代からの名残に相違なかった。呼称はシラヤマ神社で間違いないようだ。

菊池山哉の白山千社参りにならって、関東周辺の白山神社についてなら、かなりを調査している私だが、被差別部落が祀る白山神社をわざわざシラヤマ神社と呼ぶ例は、さほど多くない。こうなれば、ネフスキーが書いたシラヤマ神社を確かめるほかないと思った私は、勤めていた出版社を前年暮に定年退職した平成十七年の年明け早々、現地を訪ねてみた。

いわき駅の傍のビジネス・ホテルで一泊した翌朝、タクシーに乗ってまずは地名を頼りにシラヤマ神社を探すと、草野駅に近い愛宕花園神社の境内に合祀されていた。隣の神主家を訪ねて由緒を尋ねると、元は大越のS家の邸内神だったものを合祀したとのことである。ならばと、タクシーを飛ばしてそのS家を訪ねたところが、同家は近くの一山堂々たる白山神社の神主家であった。その姓から推すと、先祖は熊野修験だった可能性がある。座敷に通されてから確かめると、それならR橋の袂のT家と間違えたのだろうとのこと、ただし神社の呼称は昔からどこもハクサン神社で通っていると言って譲らなかった。

大越からはずいぶん離れていたけれど、故高木誠一宅にも廻った。家の背後の小山の頂には、ネフスキーの書いたハクサン神社が鎮座していた。お参りを済ませたのち、同宅を訪なうと、写真で見たことのある、柳田國男やネフスキーが宿泊した当時と変らぬ、萱葺きの大邸宅が目の前にあった。中からジーパン姿でにこやかに現れたのは孫にあたる初老の男性で、訛りの強い口調で、裏山のハクサン神社は元は高木家の邸内神だったと語った。祖父が残した蔵書、ノート、来簡類は、民俗学に関心のある甥っ子が別の家で保管していたが、一昨年火事を出して全焼してしまったとのこと。

帰宅してから、高木誠一が没した直後に、日本常民研究所から刊行された『磐城北神谷の話』の第一部「村の民俗」を読むと、冒頭は「鎮守白山」で、故人はこのように書いていた。


村の鎮守様は白山様で、旧号を白山妙理大権現と言ったが、明治二年四月神仏混淆御改正の際神道に改め、神号を白山姫尊と号し奉った。この御改正の際に、御神体や古棟札を皆焼いてしまったといい、又川に流した村もあったという。

この神様は昔余の祖先の勧請したもので、広畑（余の屋敷）の地の神であった。宝暦十二年九月に今の社地神下に再勧請して、別当照林寺抱となったもので、旧社地を今に白山跡とよんでいる。この御遷宮の時、余の家の門口まで来ると神体が俄かに重く動かなくなった。そこで巫女をして湯の花を上げて神慮を伺わしめると、長右衛門（余の祖先）が先導せよという仰せであったので、御先導を申上げたところ、忽ち軽くなって今の地に御遷座になったのだと伝えている。

古来祭事に磐城七祭のうちの白鍬祭がこの神社で行われて来たが、此外恒例の獅子舞もある。


こうして見てくると、八戸の場合も磐城の場合もそうだが、ネフスキーの言うほどはっきりと、ハクサン神社とシラヤマ神社の区別があったとは思えない。むしろ被差別部落が祀る白山神社とは格が違うことを吹聴したいがために、一部で悪意をもってシラヤマ神社の呼称が捏造されたのではなかったか。

各地の白山神社

そのことを、さらに痛感させられたのは、翌月、岡山で所用があった折、瀬戸大橋を渡って讃岐白峯で一泊、翌日、柳田國男が『所謂特殊部落ノ種類』で例に挙げていた下高岡の白山神社に詣でたときであった。

「保元の乱」に敗れて讃岐に流された崇徳院の怨霊に西行が対峙する場面は、上田秋成『雨月物語』第一話に名高いが、対馬の卒土《そと》（蘇塗《ソト》）にあるのとそっくりな朝鮮式の累石壇まであるというこの白峯《しらみね》は、おそらく白山に違いあるまいと見当をつけていた私は、現地では「シロミネ」と呼び、中国の五台山にあやかって、陰陽五行の色の一つを当てはめた命名（付近に赤峯もある）であったと知って、当てがはずれた。それに、瀬戸内海に面した温暖の地だから、めったに雪は積もらないのであろう。

三木町下高岡では最初に白山（二〇三メートル）に登拝した。別名讃岐富士の名があるだけに、平野部にぽっこり盛り上がった秀麗な姿の山である。白山神社は麓の登山口に鎮座し、頂上には、石鎚・龍王の二社が祀られていた。町役場で教えてもらって、地区の中心にある氏子総代氏宅を訪ねると、突然の訪問なのに、すぐに応接間に通された。長年地元の小学校の校長をつとめ、つい最近まで教育委員会の委員長をしていたとのこと。私が神社の境内はもちろん、登山道までも、氏子たちの熱意できれいに整備されていたことに感心したと告げると、穏やかな顔に笑みを浮かべて、数年前金沢の新聞社の取材を受けたことがあると言って、各地の白山神社を訪ねる連載記事の切り抜きを見せてくれた。してみると、この地の白山神社も、公式には加賀の白山権現を勧請したもののようである。呼称はハクサン神社であった。

近くには歴史の古い八幡神社もあった。浦島太郎が川をさかのぼってやって来た龍宮はここだったという伝承のあることが珍しくて、来る途中で寄り道したのだが、見るからに寂れていて、広大な境内は荒れ放題だった。下高岡の白山神社の神主はこの八幡神社の神主が兼ねていると聞いたので、そのことを言い、これだけ隆盛な白山神社に常駐の神主がいないのは不自然だから、新しく専任の神主に来てもらえばいいと提案すると、総代氏は一瞬表情を曇らせて、神社本庁は昔から八幡神社の側だから、こちらの願いは聞いてもらえないだろうと答えた。

帰京してから、大学の図書館へ行って『三木町史』を読んだ。すると、八幡神社は別名を鰐河神社と言い、社記は「往古海神の女豊玉姫命、鸕茅不葺合尊《うがやふきあえずのみこと》を産み、それより鰐魚に乗り、川をさかのぼり四条の地に来りて、祠を建て鎮座し鰐河神社と号した」と記しており、周知の浦島伝承とは異なっていた。八幡神を勧請したのは延喜七年（九〇七）。以後ことごとに相論（争論）を起こしては、弱体な白山社を迫害した歴史があった。

一方、白山神社は高岡村の鎮守神でイザナミを祀り、はじめは白山の中腹にあった。『全讃史』によると、「白山の下に明海という者がおり、占筮の術にすぐれており、人々は白山相人とよんだ。また晴明ともいわれ箕をつくることを業としていた」とのことで、明海は越前の人で、延長四年（九二六）に白山権現を勧請しているので、この山を白山と名づけたのも、そこから来たのではないかと述べていた。

菊池山哉の白山千社参りにくらべると、私が実地に調査した被差別部落の白山神社の数は、おそろしく貧弱だけれど、それでも鮮やかな印象が残っている社や祠が、ほかにも幾つかないではない。

一つは白河、米沢、会津若松を旅した折、「心許なき日かず重なるまゝに、白川の関にかゝりて旅心定まりぬ」と芭蕉が書いたあの『おくのほそ道』の旅に随行した曾良が日記に記した「宗祇戻し橋」でのこと。橋のたもとの石段を何気なく降りると、そこは民家の庭先で、ふと庭内の祠を覗いたところが、白山姫神が祀られていたのには背中がぞくぞくした。京都の一条戻り（し）橋がそうであったように戻し橋伝説のあるところ、そこはただの境界地ではありえない。はたして、旅から帰ってくだんの日記を確かめると、次のようにあった。

○宗祇もどし橋、白河ノ町より右（石山より入口）、かしまへ行道、ゐた町有。其きわに成程かすか成橋也。むかし、結城殿数代、白河を知玉フ時、一家衆寄合、かしまにて連歌有時、難句有レ之。いづれも三日付ル事不レ成。宗祇、旅行ノ宿ニテ被レ聞レ之て、其所へ被レ趣時、四十計ノ女出向、宗祇に「以下成事にて、いづ方へ」と問。右ノ由尓々《しかじか》。女「それは先《サキ》に付侍りし」と答てうせぬ。

月日の下に独りこそすめ

付句

かきおくる文のをくには名をとめて
と申ければ、宗祇かんじられてもどられけりと云伝。

もう一つは神奈川県厚木でのこと。飯山観音（十一面観音）を経て裏の小高い山に登ると、頂きに白山神社が祀ってあった。麓の龍蔵神社は白山神社の里宮にあたるから、ここはまるきり本場の加賀白山を模したミニ白山というにふさわしい。その龍蔵神社の境内の片隅に、以前使用されていた石造の鳥居の柱が横倒しのままになっていて、寄進者の名前として相撲の小頭、太郎右衛門の名が彫られていた。太郎右衛門は、鎌倉の小頭、九郎右衛門とは縁戚関係で、大磯の小頭、助左衛門が擡頭するまでは地域でナンバーワンの実力を誇った。菊池山哉は踏査記録に、「河岸へ蜿蜒と一丈五尺からの石垣を囲らしたあたり、宛然城郭の如き観をなす」と書いている。ついでに、聞き書きも引いておく。「維新頃最後の太郎右衛門に一人娘があつた。ハタと言ふ。往来凡て特別仕立ての駕籠で、身に着くものは凡て絹物であつた。飲山（飯山）の白山神社祭礼に参詣の折などは、其の行列と着物を見る為に、人出がする程、豪勢なものであつたと云」。

千葉県市原市の飯給《いたぶ》白山神社と俵田白山神社は、祭神を菊理媛と大友皇子とする。両社には、壬申の乱に敗れた大友皇子が都を逃れてこの地にやって来たとき、地元の人が食糧を与えたので飯給の名がついたという貴種流離伝説そのままの伝承がある（五八頁、柳田説・鵜飼説参照）。そうなると、菊理媛と大友皇子の組み合わせがなぜ生じたのか、白山神社の名はいつからのものなのか不思議である。

また、私の編集者時代、民俗学者の故谷川健一氏の豊後取材に同行した折、英彦山の麓で白山神社に遭遇したが、以前は中腹の岩殿城にあったのを移したとのこと、天文八年（一五三九）の縁起は、辛国（韓国）曾褒里からの渡来神を祀ったのがその始まりと述べており、白山信仰のルーツが朝鮮半島にあったことをしのばせるに十分であった。しかも、現在地は戦国期以来の処刑場跡に隣接しているというから、その成り立ちは複雑である。

わりと最近では、本年（平成二十五年）三月末、東日本部落解放研究所のメンバーと、太田、足利、佐野、館林の小頭邸旧跡や戦国期金山城の麓の長吏集団（徳川期には金山特産の松茸を江戸城に献上した）の居住地跡を訪ねて廻ったときのことも忘れがたい。小頭邸の敷地はどれも広大で、付近にはしっかりと白山神社が祀られていた。足利の場合は以前は邸内に祀られていたとのことで、浅草や練馬のケースと同じだった。

本書の校正刷が出た七月上旬は、懇意にしている編集者とその息子さん（山梨県北杜市明野で無農薬無化学肥料栽培の野菜畑を営む）の招きで、甲州花水坂の白山《しらやま》大神社に詣でた。そこは釜無川、尾白川、深沢川の合流地点で、富士見三景の一つに数えられる景勝地。急勾配の参道に鳥居はなく、神社は観音堂の奥に立地していた。本殿・拝殿のほか神楽殿もあって、四月十八日の例祭日には毎年氏子たちが神楽を奉納する。あたりは、私たちを出迎えるかのように国蝶オオムラサキが乱舞、編集者が「前田さんの生まれ変わりですかね」と言うので、「おいおい、私はまだ生きているよ」と笑いあった。神社の裏手の道を辿って山頂に登ると、「白山大権現」の石碑と神祠、江戸期から現在に至るおびただしい数の地蔵の石像が寄進されている。地蔵が抱いているのはどれも蛇だから、これは正真正銘白山の女神と同体である（カバー写真参照）。このあと、氏子の住まう集落を訪ねると、そこでは養蜂がおこなわれており、戦後しばらくまで焼畑も盛んだったと聞いた。帰ってから、山哉の踏査記録を読むと、「武川筋台ケ原曲輪から東十町、深沢川なる支流が釜無川へ合流する地点に花水坂なる坂がある。日本富士見三ケ所の随一として風景絶景の地点であるが、そこに白山神社が社地厳かに独り残されて居る」としか書かれていなかった。これだけではこの白山大神社が被差別部落の鎮守であるかどうか不明だが、山哉が訪ねているることからすれば、彼にはそれなりの根拠があったのであろう。仮に山哉の推定が正しいとすれば、普段は山番をし、非常時には甲州街道台ケ原宿の捕物に召集されたものであったろうか。参考までに、案内板の文章を添えておく。

「祭神　菊理姫命・伊弉冊命　由緒　口碑によれば、当村城山に（逸見）清光（鎌倉初期の武将）の弟清泰城を構え、大宮大神社を修復して武運の祈願所としたとき、里民愛撫のため御祭神2柱を鎮在して、社殿を建立し白山《しらやま》大神社と称し縁結びの神、五穀豊穣を祈願したといわれる」。

第2章　悪所の白山信仰

吉原の客人神

本章では、白山神と被差別部落とのかかわりを、主には悪所という視角から考えてみたい。狭義に悪所とは、江戸時代の廓と芝居小屋を指すが、弾左衛門屋敷が移転したあとを追って吉原遊廓や芝居小屋がすぐ近くに移ったことからも分かるように、この二つはともに被差別部落の存在と切りはなせないのである。

なぜそうなのかは、追って論じるが、文献にあらわれるかぎりでも、遊女は『万葉集』に詠われた遊行命婦《ゆぎようみようぶ》以来の、芸能民は『古事記』に登場する「わざおぎ（俳優）」や「ほかい人（乞食）」以来の伝統があり、院政期に両者が渾然としていた姿は、大江匡房が『傀儡子記《くぐつき》』に書きとめている。よく引用される文章だが、大切なことが書かれているので、左に読み下し文の一節を掲げ

吉原大門
歌川広重『名所江戸百景』より

る。

傀儡子《くぐつ》は、定まれる居なく、当《まも》る家なし。穹廬氈帳、水草を逐《お》ひてもて移徙《いし》す。頗る北狄《ほくてき》の俗《ならひ》に類《に》たり。男は皆弓馬を使《わきま》へ、狩猟をもて事と為《な》す。或は双剣を跳《おど》らせて七丸を弄《もてあそ》び、或は木人《ぼくじん》を舞はせて桃梗を闘はす。生ける人の態《わざ》を能くすること、殆《ほとほと》に魚竜曼蜒の戯《たはぶれ》に近し。沙石を変じて金銭と為し、草木を化して鳥獣と為し、能く人の目を□す。女は愁眉・啼粧・折腰歩・齲歯咲を為し、朱を施し粉《しろきもの》を傅《つ》け、倡唄淫楽して、もて妖媚を求む。父母夫聟は誡口せず。亟《しばしば》行人旅客に逢ふといへども、一宵の佳会を嫌はず。徴嬖の余に、自ら千金の繡《ぬひもの》の服・錦の衣、金《こがね》の釵《かむざし》・鈿《でん》の匣《はこ》の具を献ずれば、これを異《うやま》ひ有《をさ》めざるはなし。一畝の田も耕さず、一枝の桑も採《つ》まず。故《かるがゆえ》に県官に属《つ》かず、皆土民に非ずして、自《おのづか》ら浪人に限《ひと》し。上は王公を知らず、傍《かたがた》牧宰を怕《おそ》れず。課役なきをもて、一生の楽《たのしび》と為せり。夜は百神を祭りて、鼓舞喧嘩して、もて福《さいはひ》の助《たすけ》を祈れり。（原漢文、大曾根章介校）

当時の大知識人の筆になるだけに、中国風の誇張した修辞がどこまで実情を写しているかいささか疑わしいとしても、クグツの徒の特徴はよく捉えていると言うべきだろう。それは同じ筆者の手になる『遊女記』を見ても了解できるが、私はここに登場する百神（『遊女記』では百大夫）を、山哉にならって白神《シラカミ》＝シラヤマ神＝白山神《ハクサン》と考える（百と白は横棒のあるなしの違いで、『諸橋大漢和』は同字とみなす。混同や付会撞着が生じるゆえんで、百大夫と白太夫の関係も同じ。こういうふうに、見方によればかなりいい加減なところが、民間信仰の面白さでもある)。

すなわち、これらクグツの徒の系譜を引くのが、出雲阿国以来の歌舞伎役者であり、廓《くるわ》の花魁《おいらん》である。歌舞伎役者や花魁がクグツの徒と大きく異なるのは、戦乱の世がおさまり、商品経済が活発になって、都市化が進むにつれ、それまでは散在・放浪していた彼らが、為政者の都合で一ヵ所に囲いこまれたことで、その結果は治安上、風紀上、悪所と名指しされるに至った。

では、彼らが祀っていた百神(白神)は、廓や芝居小屋でどうなっていたろう。私はそれを知りたくて、以前、吉原に関する基本図書である『異本同房語園』『吉原大全』『色道大鏡』『北里十二時』『吉原青楼年中行事』『嬉遊笑覧』『守貞漫稿』などに当って、ずいぶんと調べてみたことがある。

たとえば、吉原の場合で言うと、鎮守は廓内東南隅の九郎助稲荷で、縁結びの神として立願されたし、仲之町の突き当りの水道尻には秋葉大権現が勧請されて火伏せの神として崇められ、楼内の中の間には伊勢皇大神宮を祀った棚があって、下男が酉の刻に鈴を鳴らすと、遊女が残らず格子の間に並んで顔見世をする。また、客と遊女が起請文に血判をして約束を固める風習は、熊野信仰から来ている等々といったことは分かっても、不思議と白山信仰らしきものは出てこない。で、今度は楼内の様子を描いた浮世草子やら洒落本やら図絵やら、目を皿のようにして頁を繰ったのだが、これまたはっきりしないのだ。そんなとき、「白山の会」の長老で、江戸の雑書や随筆類にはめっぽう強い鵜飼久市さんが、左に引く蜀山人(大田南畝)の文章を教えてくれた。

○青楼にて客人権現の宮を信ずるのもをかし。山王廿一社の客人権現は女神也。青楼に女客は入らぬもの也。（『奴凧』）

比叡山の麓にある山王神社は、仏法を守護する地主神がいますところだ。客人《まろうど》権現とは二十一社ある眷属神のなかでも主たる七社の一つで、天安三年（八五九）に加賀から勧請された白山権現社を指す（京の艮《うしとら》の方角に位置する比叡は、外敵から王城を守る役割を担っている。その艮の方角の延長線上に加賀の白山権現は位置していたから、都と比叡の両方を守護するに相応しいと考えられたのだろう）。なぜ客人かと言えば、外部から招かれたからで、してみれば、吉原の廓にあっても、白神の後身である白山神が立派に祀られていたのである。

聞くところでは、青楼ではこの客人権現が金精《こんせい》神と習合して、撫で牛――妓夫《ぎゆう》が牛《ぎゆう》太郎と呼ばれたのは、これと関係があろう――と共に内証で祀られていたとのこと。だから、蜀山人は、客人権現は女神なのに男性のシンボルを飾るのかとからかっている。この場合、客人とは青楼を訪れる遊客の意で、青楼では千客万来、商売繁盛を祈ってのことであったろうが、これを折口信夫の言うマレビト神に重ねて考えれば、飛来し、遊行するという、白山神に顕著な性質とも合致する。

折口といえば、船に祀られる「ふなだまさま」――ときに、女陰の隠語にも用いられた――が、よきにつけあしきにつけ「しげらっしゃる（ささやかれる）」のを取り上げて、こう書いていたのを思い出す。

しげるは、江戸の色町で使はれた語だ。吉原では、「おしげりなんし」と言ふ勧誘命令形を、屢繰り返されたものである。生殖と繁茂との二つの観念を、手順を飛び越して結びつける語源説が、行はれて来た。けれども、此生きた用例に照して見ると、苦もなく釈ける様に思ふ。更に、そしるを参考にすると、愈其がはつきりするばかりでなく、昔あつた、神の告げ方が訣る様である。

しげるは、さゝやくである。或は、さゞめ言《ゴ》つ、耳うちすると翻《ウツ》してもよい。畢竟は、内證言《ゴト》を話し、私語するのである。此用語例を出て、睦言の意になる事は、説明するまでもない。此語、近世まで神の上にばかり使うて居たものか、其とも、古くから既に意義の分化があつて、人の私語にも言ひ、睦言を現す様になつて居たものかも知れぬ。恐らく、後者だらうと思ふが、前の考へを育てゝ見ると、客大神に幇間《タイコ》の末社をとり合せた為方で、だいじんにさゞめ言を勧める心持ちの、通言式の洒落ではあるまいか、とも思はれる。(『壱岐の水』)

性と生殖が切り離され、遊びと化しても、古代の信仰は江戸の遊里に生き延びていたのである。となると、八朔の衣更えで、吉原の遊女が必ず白無垢の小袖を着たのも、白色の浄化や再生の観念、つまり白山信仰にピタリ通じていたと納得できる。

『八犬伝』の小石

他方、芝居小屋や役者の家ではどうだったかといえば、市川団十郎家が成田不動を氏神としていたことのほかは、判然としない。歌舞伎の狂言中でも同様で、ストレートに白山信仰と結びつくものは見出しえなかった。これは、歌舞伎十八番の『鳴神』や『助六』をはじめとして、むしろ御霊信仰との関係が深いためでもあろうが、私が思うに勝扇子《かちおうぎ》事件の影響もあったろうか。

勝扇子事件とは、宝永五年（一七〇八）、京都四条河原の人形操り師小林新助と弾左衛門とのあいだで争われた訴訟事件。新助一座が安房で地元のエタに櫓銭や木戸札を払わないで興行しているのを弾左衛門側が先例を楯にとがめたのが争いの始まりで、裁判の結果は歌舞伎や浄瑠璃は朝廷からも受領を得ているので、弾左衛門の支配を受けるような賤しいものではないとして、新助側の勝訴となった。これは歌舞伎脱賤化の端緒をなした画期的な事件で、二代目団十郎はこの結果をことのほか喜び、訴訟記録を筆写してその写本を「勝扇子」と題して秘蔵したことから、そう呼ばれるようになった。事実は、その後も弾左衛門支配から逃れきれなかったのだが、この事件を契機に意識の上で弾左衛門と距離を置こうとしたのは確かだから、白山信仰との関係もそれに近いものだったのではないか。

それより、私が注意を惹かれるのは、曲亭滝沢馬琴と白山神社との関係である。馬琴の代表作『南総里見八犬伝』は、なにせ長大な読み物だから、あらすじを紹介するといっても容易ではない。要するに、房総の名門里見家の姫君伏姫の自刃とともに散った八房の数珠玉《じゅず》の化身が犬にちなんだ姓を名乗る八人の犬士で、生い立ちも違えば身分も違う八犬士が、運命の糸に操られながら里見家再興に力を貸し、坂東にその名をとどろかすといった波瀾万丈の物語の第六輯第六十一回の一節は、次のごとくである。

「件《くだん》の玉の事に就《つき》て、又、一奇談なきにあらず。某《それがし》が実母《うみのはゝ》は、諱《いみな》を正香《まさか》と呼《よば》れたり。その性《さが》怜悧にして、且《かつ》神仏を信ずること、大かたの婦女子に過たり。かくて、某を産みたる比《ころ》、加賀なる白山《しらやま》権現の社頭の、粒石《こいし》を乞《こひ》まうして、その児《こ》の護身嚢《まもりぶくろ》に納置《いれおく》ときは、疱瘡《もがさ》も、麻疹《はしか》も、究《きは》めて軽《かろ》し、とある人のいへるを聞《きゝ》て、北国《ほつこく》へゆく商旅《たびあきびと》に、云云《しかしか》と憑《たのみ》聞えて、件《くだん》の粒石を取よせしに、その人のもて来つるを見れば、石にはあらでこれ玉なり」

作中では七番目に犬士の一人であることが確かめられた犬塚角太郎の言葉だ。しかし、この玉、角太郎の妻雛衣《ひなぎぬ》が過《あやま》って飲み込んでしまって、今は手元にない。このあと、彼女は夫の養父母になりすました庚申山の化け物とその妾に夫婦の仲を裂かれたすえに、腹の中の胎児を捧げさせられる破目になる。胎児はなんと飲み込んだ玉が凝ったもので、雛衣自刃の折、口から飛び出して化け物を倒す。この化け物、じつは角太郎の実父を食い殺した相手であって、雛衣ははからずも仇を討ったのである。

白山神が天然痘や疱瘡の治癒に霊験あらたかと信じられていたことは、前述した。文中の「疱《も》瘡《がさ》」は癩や梅毒から歯痛まで、面貌や皮膚が著しく腫れる病の総称である。石は神が降臨するところで、神と同体だから、ここでは白山神そのものだ。さればこそ、この粒石は霊力いやちこで、角太郎はそれを護身嚢に入れて大切に持っていたのである。
加えて、私が重視するのは、物語の上だけではなくて、馬琴その人が内孫のお次、太郎が次々と疱瘡に罹ったとき、娘婿に言いつけて、新鳥越さるや町の白山権現（浅草新町の白山権現に同じ）に一再ならず願掛けをさせ、疱瘡の守り札と「年々借用の小石」を納めさせたことを、天保二年（一八三一）二月六日から翌三月四日に全快するまで、克明に日記に記していたことだ。

二月九日　……昼飯後よりお百、新鳥越さるや町白山権現へ参詣。お次疱瘡の守り札ならびに御符等申し請け、暮六前帰宅。帰路、為朝の紅絵買ひ取り帰参。白山神主指図に任せ、右守り札、痘神棚に貼じ、供物等神主指図の如く奉祭之。八丈島為朝神影、旧来所持の分も二幅同断。
同二十一日　……お百、風邪いまだ癒えはて候はぬにつき、清右衛門をもて白山権現へ参詣せしめ痘神そなへ物、白山守り札等一式これを納めしむ。米ひと袋、初穂百銅、これをつかはす。なほまた、太郎疱瘡守り札幣等申し受け候やう、申し付けつかはす。
三月四日　……今日、太郎さゝ湯致し候につき、疱瘡棚を撤す。白山権現守り札並びに幣そのほか供物一式、達磨を浅草山谷白山神主方まで持参、納めをはる。白米一袋・鳥目百銅、ほかに奉納幟代銀壱匁、年々借用の小石等も進納之。……小児共両人、痘瘡の式祭畢《おは》ル。

すなわち、以上の事柄から明らかなのは、身分上は武士であった馬琴でさえも、エタの拝む神に祈願していたのだから、一般の町民が疱瘡に類した病に罹ったときは、そこが被差別地域であろうがなかろうが、願掛けのために白山社に押し寄せたであろうことである。

聖と賤の二重構造

と、このように書いてきて、本意ではないけれど、最後に掲げるのは、それとは反対の事例である。一つ目は江戸の地誌をレポートした十方庵敬順（馬琴と同時代の隠居僧）の『遊歴雑記』の一節（『三編巻之上四拾九、新町白山権現の古絵馬』）から。

> 同処浅草新町弾左衛門は、世上の通名にして本名矢野内記と号し、代々両御丸の皮御用を勤む、穢多の類族を配下すれども、其身穢多の枝族にはあらず、南北に惣門を構て一郭の方量凡三町四方もあらんか、この一郭の内にもろ〳〵の穢汚の非人ども小路〳〵を象りて若干《ソコバク》住居す、その福裕なるは町家の分限者に倍するもありて家居又甚だ大きし、しかれとも大旨稼業穢悪にして適々通行しながらも見るに忍び難し、去は此一郭の内西側中程に石の花表《トリヰ》太しく建て、小路より凡そ半町余にして白山権現の社にいたる、宮六間四面、社司を中森大和亮と号して、吉田配下のよし、抑《そも〳〵》此社はむかし千葉守胤の建立にて来歴甚古し、橋場総泉寺に守胤か墳墓あるを以て勘考すへし、且又社も昔年の修造と見へて何となく自然に古雅なる事又賞すべし、柱の杢目の高さ四壁の簓縁《サヽラブチ》の風霜に曝されて、板目の窪みたる実に懐古の情あり、此社にむかし

誰人や捧けん古絵馬数品あり、中に夷の神の水牛に乗て釣を垂る古絵馬あり、図尤めつらしし筆勢及ひ彩色恐らくは古代の土佐と見ゆ、年号を慶長二年丁酉と記した画馬あり、文化十二乙亥年にいたりて貳百拾九年に及べり、画法といひ墨痕の高くなりたる様古物最賞するに堪たり、元此白山のやしろは先祖弾左衛門深く信仰して度々利生を得しまゝ、享保年間浅草猿屋町より引地して今こゝに移住する砌《ミギリ》、公儀へ願ひて郭内へ件の社を引たりといふ左もあるべし、只恨むらくは此社他処の景地にあらば、貴賤轅《ナガヘ》をめぐらし社頭群をなすべきに、穢悪の郭内にあるが故に世上の人の知らさるは不幸といはんか、但し穢多非人の類は今生すら人まじはりのならぬ身を此地に鎮座して結縁し賜ふ、和光同塵の化儀ありかだき事にぞ。

筆録者の目が、ことさらに冷たいというわけではない。おそらく、当時の教養人としてはごく平均的な視線の持主にして、このとおり「穢悪の地」を見下し、そこでしか生活できない人びとをこのように卑賤視していたのである。二つ目は川柳から。

白山へ堀の亭主が案内し
白山の帰り太鼓のただをいい

手元の『江戸文学地名辞典』は、新町白山《しらやま》権現社の簡単な説明のあとに、この二句を掲げている。第一句、堀は山谷堀。船宿の亭主が吉原帰りの客を案内したのでもあろうか。「案内」の語に、案内される酔客の怖いもの見たさの卑俗な好奇心、抜きがたい差別感情が透けて見える。第二句、「太鼓」は新町の一郭に江戸一番の太鼓屋があったことによろう。子連れで白山権現にお詣りした帰りだから、十方庵が書くのとは違い、外部の人間からも自由に参詣されていたことを物語る。何も知らぬ子供が、おもちゃの太鼓を店先に見つけて買って買ってと駄々をこねている風景である。

すなわち、ここから本章のまとめに入るが、私の言いたいことは、こうだ。同じく悪所と呼ばれながら、吉原の廓や猿若町の芝居小屋が江戸の町人から歓迎され、夜間でも殷賑をきわめたそのすぐ足元に、人びとから忌避され、厭われていたこの闇の地帯が横たわっており、あまつさえ、そこから養分を吸い上げていた事実――鶴屋南北『東海道四谷怪談』を見よ――を無視しては、悪所を非日常の祝祭空間であり、既成の秩序を切り崩す反権力の砦であり、近世文化の重要な発信基地であったなどと、どのように美辞麗句を連ねたところで、しょせんは文化人顔したきれいごとを唱えているに過ぎぬ。

悪所にほかでは例を見ない悪の華が咲き、エロスが全開したのは確かだろう。皮肉なことではあるが、悪所という日常から隔離された負のトポスがなければ、武士も町人も聖職者さえもが、儒教道徳にがんじがらめにされ、建前だらけの封建社会下で積もりに積もった鬱憤を晴らすことはできなかったろうし、世界に冠たる浮世絵も歌舞伎も戯作文学も生まれはしなかっただろう（その意味で、私は吉原の廓内に生まれ育ち、大門の前に書肆を構えて出版活動を営んだ蔦屋重三郎の存在を高く評価する。『吉原細見』などで当りを取った彼は、それを元手に江戸文化最大のプロデューサーとなり、彼のまわりには、大田南畝、宿屋飯盛などの狂歌師グループ、北尾政美、喜多川歌麿、葛飾北斎などの浮世絵師グループ、さらには山東京伝、十返舎一九、曲亭馬琴といった読本作家等々が結集し、いずれも彼の手によって世に出たのであった)。

けれども、繰り返すが、それと背中合わせにあったのが、人びとから忌避され、卑賤視され、ときに恐怖もされた闇の被差別地帯だった。吉原の入り口には弾左衛門屋敷があり、すぐ裏手には非人頭車善七の邸があって、それぞれ多くの手下を養っていた。彼らはいったん事があると、吉原に潜伏したお尋ね者を捕縛、山谷堀に面した砂利場で処刑し、死体を小塚原に運搬・埋葬する役目を担っていた。蝶よ花よと讃えられ、その美貌・教養・意地・張りが男たちを魅了してやまなかった花魁も、多くは被差別部落の出身者で、苦界に身を沈めたあげく、年季があける前に病没して、付近の投げ込み寺(三ノ輪浄閑寺)に葬られる例が絶えなかった。

狭義の悪所、廓と芝居小屋と、広義の悪所、被差別部落とは、中味も構造も本来瓜二つである。それは何よりも、被差別部落の形成、成立が物語っている。一般の農民と違って土地を持たず、生業といっても限られた手段しか持ちあわせなかった彼ら被差別民の祖先は、芸を携えて各地を放浪するか、河原や境界地に居つくしかなかった。その存在のあり方が、一般民とはどこか違うと思われはじめたときに、差別の観念が発生し、特定の地域に囲いこまれた。

狭義の悪所は、塀や堀をめぐらして門が一つしかなかったにもかかわらず、夜でも一般に開かれて出入りが自由だった。むしろ、外部の人を必要として、客として歓迎した。ところが、広義の悪所は通り抜けが可能で塀も堀もなかったかわりに、目に見えぬ囲いで囲われ、特別なとき以外は、自他ともに閉鎖空間であることに甘んじなければならなかった。

特別なときとは、浄と不浄、聖と賤に関わる時間である。死・産・血という、人間であるなら誰でも本来的なものが、ケガレ・不浄として忌避され、遠ざけられたのは、何としても理窟に合わないが、そうした固定観念にゆさぶりをかけ、生命の新生、病やケガレや死からの再生を促してくれる霊的なものへのひそやかな祈り、それがシラヤマ信仰であり、原白山信仰であった。

宗教とは、自発的なもののはずである。被差別の民が白山神に祈りを捧げたのは、修験や弾左衛門から勧められたからだけではあるまい。不浄の者、けがれた者との烙印をはね返し、この世での浄化を、再生を望んだ必死の祈り、それが彼らの白山信仰だったのだ。

シラは産霊であり、白は浄化、再生を促すハレの色だったのに、いつのまにかそれがケガレ・不浄へと反転したのは、人間社会の度し難い詐術の結果でもあるが、それが可能だったのは、本来同一のものの両面だったからに相違ない。白山信仰のシラの両義性、白の両義性、つまり、聖と賤の二重構造や、聖なるものが賤へ、賤なるものが聖へと反転するメカニズムについては、前著『白の民俗学へ』で詳説した。悪所と被差別部落で祀られる白山神との関係も、それに等しいというのが、本章での私のとりあえずの結論である。

第3章　神の子孫であることを主張する「河原巻物」

山哉が発見した『三国長吏由来記』

被差別部落には、代々「河原巻物」と呼ばれる古文書が伝わっている。命名は同名の著書を著した盛田嘉徳によるが、粗笨な印象を与えかねず、好きになれない。歴史家の多くは、偽書、つまり後世に捏造された文書として顧みないが、被差別民の生活と信仰、文化的な環境の中からのっぴきならず生み出され、代々大切に伝えられてきた貴重な資料だ。

信州埴科郡戸倉村の旧長吏小頭宅で菊池山哉が筆写した巻物は、『三国長吏家系図』というのが、正式の名称である。前著でも紹介したが、本書でも欠かすわけに行かないので、主要部分の重ねての引用と言及をお許し願う。

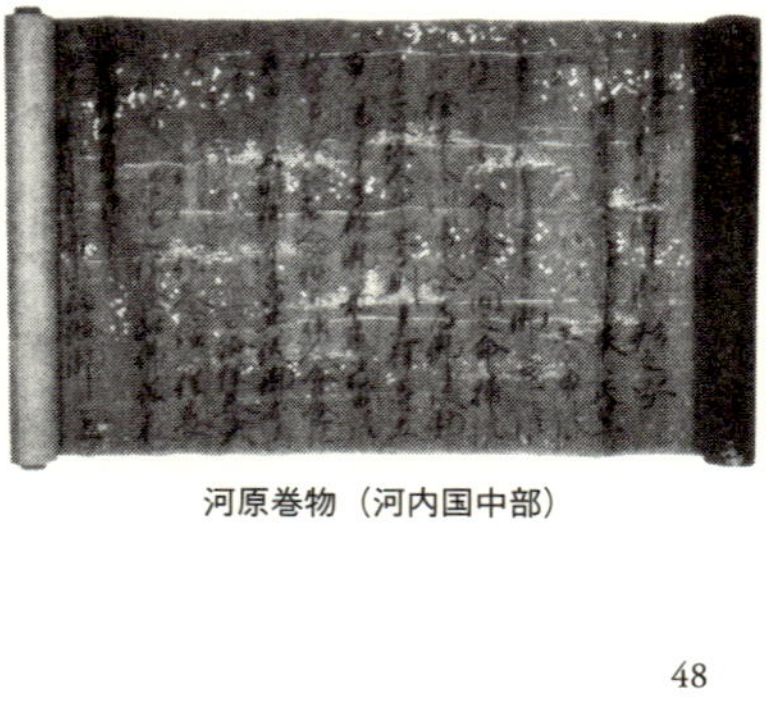

河原巻物（河内国中部）

一、涅槃経ニ曰ク、先ツ天竺之長吏之由来、鉈鍋那王ト申者、御子四人持給フガ、其内第三番目之摩訶鉈羅大子ト申スハ、則チ白山大権現之返化《ママ》、一切衆生為《ニ》二生類之一身《ニ》黒星ヲ出シ、於天竺之長吏ニ返化シ給フ、而テ一切衆生ヲ化度シ、済《スク》ヒ給フ者也。天竺之長吏ノ謂レ是レ也。

一、大唐之長吏之由来者、盤右大王ト申ハ、男子女子共ニ御子五人持チ給カ、其内第二番目ノ釈男大子ト申者、十一面観音之返化而座マス、一切衆生ヲ救フ為ニ、大唐之長吏氏神ト成リ、一切衆生於昼夜守護給フ者也、大唐之長吏之謂レ是レ也。

一、涅槃経ニ曰ク、日本之長吏由来者、延喜御門ニ初ル者也、延喜王之第一ノ王子者、堅牢地神ノ化身、而一切衆生ヲ助ケン為ニ、身ニ漆ヲ塗リ給者、成《リ》二悪病《ト》一則チ内裏ヲ下リ、清水之麓ニ御所ヲ立テテ、坂本之土御門打《チ》レ額ヲ給フ事是也、御子持給事六人也。其六人之御子達之流レ則チ日本之長吏ト成リ給フ、依テ長吏ノ異名ノ高キ事是レ也。然間、長吏者不レ離レ善、不レ離レ悪、亦不レ離二祝儀一《ニモ》、天下守護不入之目出度者ハ長吏也。

一、安楽経ニ曰ク、天神七代・地神五代過ギ畢テ後チ、欽明天皇ノ御宇、聴徳三辛卯季十月二十八日丑ノ尅ニ、和塵シテ之主・聖武天皇ノ御子出生シ給フ、其御名ハ月若丸ト号スル、其大子御年二十九歳ノ御時、則チ行基菩薩ト顕ハレ給フ。其時日本三十三箇国ナルヲ六十六箇国ニ踏分給フ時、役ノ優婆塞ト成リ給フ也。其時山々峰々踏ミ始メ、悪鬼悪魔ヲ降伏シ給フ。其時大和国源太夫重光ハ鉄棒ヲ引キ、役ノ行者ニ先達テ悪魔ヲ払ヒ給フ。則大和国源太夫重光ト申スハ、則チ和州長吏也。

一、日本其昔自《リ》二大唐一竹出仕《ル》事　自大唐日本へ六本渡ル竹ノ分ル事也。仁王経ニ曰ク、一本ハ熊野大権現ノ竹也、又一本ハ天照皇太神ノ竹也、次ノ一本ハ諏訪大明神ノ竹也、亦一本ハ富士浅間大菩薩ノ竹也、次ノ一本ハ八幡大菩薩ノ竹也、又一本ハ白山大権現ノ竹也、是ノ六本ノ竹、日本へ広マル者也。

一、白山大権現ノ竹者、野辺幕布、門前竹、四本ノ幡棹、天蓋ノ竹也。或ハ延年猿楽ノ竹也、同ク神楽ノ竹也、又ハ十六峰役ノ行者笈板ノ竹、鐘打、八房、茶筅竹、或ハ山乃諸参詣ノ時ノ金剛杖、諸細工ノ仕用ノ竹、諸行人之竹杖、已上是也、此十四本ノ竹ハ長吏ノ家ノ職也。

一、五色幣帛ハ五大龍王形ナリ、五大龍王ト者、則チ龍天白山返化シ、釈尊御入滅ノ時ヨリ、長吏ノ職成リ。火葬野辺ノ幕布諸事長吏取ル職道也。同ク可《キ》レ取ル道具ノ事、四本幢幡、棹、煙リ返シ、天蓋、燈爐、水引、火屋ノ道具、敷布、同ク四本ノ柱、門前ノ竹、長吏可《キ》レ取ル職道也。

一、四本幡・棹・天蓋ト者、則チ龍天白山ノ形也、又地敷布即チ地天白山ノ形也、天竺ニ座ス時ハ龍天白山ト申ス、又大唐ニ座ス時ハ地天白山ト申ス也。吾朝ニテハ即、白山大権現ト申也。又五大龍王者白山権現ノ本地也。

一、為《シテ》二長吏職一傾城《ノ》方《ヨリ》幕役取《ル》謂《レ》之事　初ノ昔、相坂蟬丸ノ王ノ御門、蒲、間薦トテ二人ノ美女アリ、是ノ二人ノ美女流レテ立チ始メテヨリ、傾城ト言フ事始メナリ、長吏彼ノ蟬丸王ノ流レナルニヨリテ、根本傾城ノ主シ也、依二是《テノ》謂《レニ》一傾城《ノ》方《ヨリ》長吏幕役《ヲ》取《ル》因縁也。

一、諸職人座居之事　第一番長吏　第二番座頭　第三番鍛冶　第四番酒作　第五番番匠　第六番居座里　第七番永袖　第八番仏師　第九番鷹匠　第十番鍋師　第十一番漆屋　第十二番御

器師　第十三番塗師　第十四番弓打　第十五番畳刺　第十六番石工　第十七番猿楽　第十八番鵜匠　第十九番鞘師　第二十番鞍打　第廿一番紅売　第廿二番舞太夫　第廿三番鉢坊　第廿四番鐘打　第廿五番筆結　第廿六番箕作　第廿七番鰐口　第二十八番笠縫　第廿九番猿引　第三十番居高　第卅一番土鍋師　第卅二番山守　第卅三番船頭　第卅四番墨師　第卅五番傀儡師　第卅六番坪立　第卅七番門番者　第卅八番獅子舞　第卅九番辻者　第四十番箭矧　第四十一番鋳物師　第四十二番麴師

右諸道職人四拾二流、職人ノ上司長吏也　玆ニ因リテ諸職人ノ者共、正月年始長吏ノ方ニ礼儀仕ル者也。

後半の「諸職人座居之事」では、第二番の座頭から第四十二番の麴師まで、長吏がその支配権を主張している。すなわち、ここで言う「長吏」とは、諸職を束ねる族長の謂いであった。対して、前半は「長吏由来記」で、三国、つまり天竺、唐、日本という、当時の世界的な視野から、その由来を述べている。

まず、天竺の長吏についてだが、鉈鍋那王の四人の王子のうち、三番目の摩訶鉈羅大子が白山権現の変化《へんげ》で、身に黒い星をつけて生れてきたとされている。ここで王名に鉈、鍋と日常の道具名を入れてあるのが、いかにも庶民的だ。インド中部で王舎城のある摩訶鉈羅国から取ったと考えられる。「身ニ黒星ヲ出シ」は、後段の延喜第一王子が「身に漆を塗り、悪病にかかった」ことに対応するのであろう。

中国の長吏は、盤右大王の二番目の王子の釈男大子で、十一面観音の変化。盤右は古代中国の創世神話に出てくる盤古の誤記（あるいは誤写？）か。日本では盤牛、すなわち牛頭天王と習合した。ここでは十一面観音の変化と、わざわざ白山神の本地仏十一面観音がもちだされていることに、注意したい。

日本の長吏の初めは、延喜天皇の第一王子。一切衆生を救うために身に漆を塗った結果、悪病にかかって宮廷を追われて、清水寺の麓に御所を構えて住んだ。やがて、その六人の王子が各地の長吏になった。延喜帝、すなわち醍醐天皇の第一皇子はのちの朱雀天皇である。朱雀をはさむ醍醐、村上帝は、延喜・天暦の治と言って善政を謳われたのに対して、朱雀帝には特記するようなことはない。こうした天皇をもちだして、その六人の皇子を各地の長吏の祖としたのは、ただちに偽書と見破られないために、制作者が苦心したところか。悪病とは癩を指すのだろう。朱雀天皇が癩を病んだ事実はないが、これは貴種流離を説くときのパターンで、羽黒山の開祖とされる蜂子皇子も同様であった。流離の場所を清水寺の麓としたのは、史実を反映している。後に紹介する清水坂と奈良坂の出入りが示すように、中世以来非人が集住した地として有名な場所だからだ。

聖武天皇の皇子が二十九歳の時、行基が現れるが、皇子は役行者となって、山々の悪鬼悪魔を降伏させた。そのとき、大和国の源太夫重光という者が役行者に先立って、悪魔を追い払った。これが和州の長吏である。役行者が聖武天皇の皇子とは、まるで嘘っぱちだが、彼に従った前鬼、後鬼を大和の長吏の祖としているのは面白い。

中国伝来の六本の竹が、それぞれ熊野、天照、諏訪、富士浅間、八幡、そして白山大権現となって、日本に広まったと書かれているのは、次節で考察することと関係する。先走って言えば、わが国の民俗宗教の根は一つであることを示していると解釈できる。

白山権現の竹が野辺の幕布、門前竹、四本の幡棹、天蓋の竹であるとされているのは、それが死者の埋葬に関わるものであることから、長吏がその場に欠かせない存在であることを示す。ちなみに、竹は古来、神聖なものとされ、箕つくりをはじめ、被差別部落の生業に欠かせなかった。沖浦和光氏が『竹の民俗誌』で指摘しているように、かぐや姫を竹林で見つけた竹取の翁は、賤民だったのだろう。

次は、猿楽、鐘打ち、陰坊《おんぼう》、茶筅《ちゃせん》、細工など、長吏配下の者がそれらの竹を使用することの説明。四本の幡棹、天蓋は、龍天白山を象り《かたど》、天竺にあったときの姿で、地に敷く布は地天白山を象って、中国にあったときの姿。これは、奥三河花祭りの白山《シラヤマ》行事で人びとが「生まれ清まる」ために籠る「シラヤマ」そのものである。

逢坂山の蟬丸の名前があるのは、傾城（遊女）が彼の流派で、長吏の管轄であることを説いている。謡曲『蟬丸』で知られるように、盲目の蟬丸は勅命によって逢坂山に捨てられ、藁屋の中で琵琶を弾じた。『百人一首』に採られた「これやこの行くもかへるも別れては知るも知らぬも逢坂の関」という歌の作者に擬せられている。境界の地逢坂山は東海道を行き来する下級宗教者や芸能者のたまり場で、近くの四宮《しく》は通音である夙（しゅく＝しく）の謂いであった。謡曲『蟬丸』も、その基になった『平家物語』も、蟬丸を延喜帝の第四皇子としており、長吏の祖と似ているのは、それを唱えた者との因縁を感じさせる。逢坂山には今も蟬丸社（上社、中社、下社）があって、かつてと同じように芸能の輩《ともがら》の信仰を集めている――盛田嘉徳氏は、蟬丸宮が急速に勢力を拡張しはじめたのは宝暦年間（一七五一－六四）だから、文書の成立もその頃であろうと推定する。

さまざまな河原巻物

以上は、山哉が発見した『三国長吏由来記』についてだが、ほかにもさまざまな種類の河原巻物が残されている。代表的なものを、脇田修著『河原巻物の世界』を参照して補っておくと、左の通りだ。

『河原由来書』――もっとも成立が古く、十七世紀にできたと考えられている。『三国長吏由来記』が白山信仰に拠っていたのに対して、こちらは祇園社の牛頭天王の信仰に拠っており、近江の記述が多く見られるので、作成は京都付近と考えられている。鉈鍋那王は、縁太羅王子という名前で出ており、穢多と旃陀羅《せんだら》の二字の組み合わせによる造語と推定されるが、王子には食人の風習があって、指を七つに切って投げ、それが近江の志賀の浦に流れ着いて人となったと記しているのが注意を引く。牛頭天王は動物供犠に由来するのかも知れず、屠牛は河原者の主要な生業だったからである。

『八幡重来授与記』――題名が示す通り、八幡信仰に拠っており、神功皇后が三韓出兵の際、のちの応神天皇を出産したが、そのとき旃陀が奉仕をしたことから、特権を認められ、後三条天皇から勅許を得たとする。蒙古襲来後、『八幡愚童訓』に見られるような神国思想が強まってからはるか後の作だが、延享五年（一七四八）に奈良東之坂と西之坂が、春日神社の祭礼に際して、大鳥居の付近に出している芝居・見世物主から、十分の一の礼銭を取ろうとして紛争となったとき、「城州八幡清水村と申中間慥成巻物等も所持仕候」と、岩清水八幡宮領の部落にこの巻物が存在していたことを伝えているのは、作成年代を推定する根拠になる。

『河原細工由緒記』――大和・伊勢に残っている。天鈿女命《あめのうずめのみこと》を先祖神にして、細工、つまり皮革業の由緒を記し、皮革業は決して穢れたものではないことを主張する。

『蝦子《エビス》末流由緒巻』――肥後・薩摩など九州に残る河原巻物。蛭子《ひるこ》の末流を称する藤原祐本家の代々の事跡として、さまざまな特権を主張。遠く離れた信州の『三国長吏由来記』等を踏まえながら、蝦子《エビス》神や役行者との由縁を語っているのは、両者の間になんらかの交渉があったと考えられる。

『皮多由来書』――出雲・播磨・備前・備中に残存。幕末の作と見られる。日本人はみな神の末裔で、神代では狩猟をおこない肉食をしたし、動物供犠の風習は今も春日社や諏訪社に残っているから、皮多が差別される謂われはないと、まっとうなことを主張している。

これら諸種の「河原巻物」を通観して思うのは、地域によってそれぞれ祖神は異なるものの、どれもきわめて宗教色が濃いことだ。祖神の権威によって特権を付与され、保護されていると主張するだけでは済まなくて、自らを神の子孫とするのである。

曹洞宗の切紙から

では、宗教者の側は被差別者をどう見ていたろうか。わが国で差別の観念が発生し、現実にも被差別者が生み出されてゆくのは、政治や社会の仕組みが大きな要因となっていることは言うまでもない。けれども、私はそれと同等か、それ以上に国家の宗教が人の心のなかにケガレ観念を生みつけてしまったことを重大視する。

わが国でケガレがいつごろ公式化されたかといえば、それは意外に新しくて、『神祇道服務令』が「凡神事ニハ血ヲ忌ム、血ノ出ル間ハ忌ムベシ」と定め、『延喜式』がケガレに感染した度合に応じて、甲穢、乙穢、丙穢と分類して、触穢の日数を、人の死が三十日、出産が七日、六畜の死が三日、宍を食しても三日というように細かく定めたことに始まる。つまり、こうして令や規則を細かく定めたのは、それまではなかなか守れなかったことを意味するのに、いったん決りができてしまうと、貴族と民衆の別なく、わが国びとの生活万般を隅々まで規制してしまった。二十一世紀の今日でも、私たちが喪中のあいだは年賀状を控えるのはその何よりの証拠なのだ。

このケガレを忌避する思想が加速されるについては、神祇信仰のみならず、仏教、ことに白山信仰とは繋がりの深い密教の本覚思想が、大きな影響力を持ったことがよく言われている。本覚思想とは密教とともに叡山に移入し、中世を支配した根本教理で、すべては本覚（本来の覚性）のあらわれと説くがゆえに、生死・善悪・仏凡その他あらゆる二元的な相対は不二・絶対のものとして肯定するのである。つまり、この思想の陥穽は、結果として現実に現れた差別をもまるごと肯定するがゆえに、業＝カルマの観念とセットになると、「差別即平等」、つまり差別があるのが平等な証拠だという、とんでもなく転倒した差別思想と化したことにあった。

たとえば、高野山が一九八〇年代の初めまで配布していた『烏芻沙摩《うすさま》明王真言《みようおうしんごん》』という御札は、その代表的なもので、「若人見死尸《もしひとしかばねと》　婦人産生処《おんなのうぶやと》　六畜産産処《ちくしょうのうぶやと》　一切血流処《いつさいのちのながるるところと》　或遇旃多羅《もしはえたのたぐいの》　屠者等穢人《けがれたるひとをみ》　或入大小便《もしはだいしょうべんじょ》　及一切穢処《いつさいのけがれたるところにいらば》　誦此解咒《このしんごんをとなうべし》　得身器清浄《しんじんしょうじょうたることをえて》　速得成法験《すみやかにほうけんをなす》　若不爾人者《もししからざるものは》　無成所修法《いつさいのほうじょうじゅせず》　故当念此咒《このゆえにこのしんごんをねんずべし》」と、取りつく島もない。

続いて、平泉寺白山神社とは地続きで、白山神を守護神とした永平寺（開山は道元）が僧侶（廻国するのに、「竜天護法大善神」と「白山妙理大権現」という二行書を軸装して携行することが義務づけられた）への秘伝とした切紙から、二つ紹介する。

（A）心得ワ白ノ処ニワケカレノ沙汰ガ走諷テ妙　之処ニ列テワ汚穢聞ノサタワ走ヌゾ。（『白山鎮守之切紙』）

（B）鶴林素禅師、一日有屠者礼謁、願就所居辦供、師欣然往、衆皆訝之、師云、仏性平等賢愚一致、但可度者也、吾屠者即度之、復何差別有之、

注云、屠者トハ、屠ハ皮房、屠子ヲ云也、一日素禅師処礼謁トハ、参メ願クハ和尚ヲ某甲ガ処エ請ジテ供養ゼント云処ヲ、ヨロコンデ行処ヲ、衆皆閲ニイカル也、アレバ師云、仏性一致

ト見ヨト也、此仏性ト云ハ、凡聖トモニ具足スル也、賢愚一致、隔ハ無キ也、何ンノ差別カアラン、屠者ハ屠者呈ニ具足スル也（『河原根本之切紙』）

（A）は白山と汚穢は密接な関係があり、白山神を信仰することで、浄不浄と関係のない世界に入ることができると説くが、（B）は素禅師が屠者の求めに応じて喜んでその居処に赴き供養をおこなった。これを周りの者はいぶかったが、彼は「仏性平等賢愚一致」なる理によって、分け隔てしてはならないと言ったというのが前半。けれども、後半の注は、「屠者ハ屠者呈ニ具足スル也」と、一転して差別の現実を巧妙に絶対化し、むしろ差別を強化する側に回ってしまっているので、結局は（A）も、葬儀を営んだり屠者に接したりしてケガレに触れても、白山神が加護してくれるので安全であると、自分たちのことしか考えていないことが判明する。

けれども、以上は上級の宗教者の側から見た白山神観であって、民衆のあいだではその受けとりかたが違っていただろうことは、廻国の比丘尼たちが民衆のあいだに入りこんで絵解きをしながら語り聞かせた『白山之本開』という唱導を見ると、了解されてくる。これは『毘沙門の本地』を白山信仰の宣布用に改作した霊界遍歴譚で、維縵国の金色太子は魔国を討った留守のあいだに亡くなった玉姫（これが白山比咩である）の霊を梵天王宮に訪ねて再会、その助けを得て梵天宮の黄金の筒井の水で生まれ清まるというストーリーは、その唱導に与かる被差別者の側にすれば、代々ケガレた者との烙印を捺され、それはあの世においても変わらないとされた自分たちが、この世においてもそれを脱することができるというのだから、どんなにか尊く有難いものに感じられたことだろう。それは死を宣告されたものが、よみがえるに等しく、されぱこそ、被差別部落のみならず、一般の村落においても、受け入れられていったのである。

白い雀と鶴姫伝説

次に、被差別部落民自らが自分たちを神の子孫と位置づける意味を了解するため、彼らが保持したより具体的な伝承に目を向けてみたい。たとえば、静岡県磐田市の白山神社の場合である。ここは「白山の会」の鵜飼さんの郷里で、私は何度か調査に同行させてもらったが、「流され王」である海上皇子が高台にあるその地から都を懐かしんで遠望したというので名付けられた「京見塚」に隣接する王院墓地で、次の碑文を見つけた。

抑此地称王院人王第五十代桓武帝御子海上皇子御陵也
矣皇子嘗有故與侍者拾有七名下向東国駐駕上野原按従
此北台町有門口更北弐町垂木澤辺構御屋形有王屋敷即
従是以西称王道付近有牛洗皇子不禁懐京念日夕望見王
城之地名称京見塚有於西三町地点亦東方一町之地有土
器塚謂皇子捨食器之処皇子以某年三月二十六日薨去爾
来区民之尊信愈厚（後略）

この伝承を同地の白山神社が保有する『御館由緒』は、さらに詳しく説いている。鵜飼さんが筆写、翻刻、注解したところに拠って補うと、碑文の海上皇子はここでは桓武天皇の第四皇子の戒成《かいじょう》皇子と書かれていて、彼が従者を伴ってこの地に流離し、地元民に食料を乞うまでになったのは、御所で愛玩していた白雀が籠の戸を開けた拍子に飛び立って南殿の白砂に止まったのを追って、貴い身の上なのに裸足で大地を踏んだ結果、鬼神の怒りに触れて癩者となったからなのであった。

海上皇子、または戒成皇子と音の通じる皇子に、光仁天皇の御子——ということは、彼の従兄にあたる——で、大阪箕面《みのお》の勝尾《かちお》寺の開基とされる開成《かいじょう》皇子がいる。勝尾寺は『梁塵秘抄』に「聖の住所《すみか》はどこどこぞ　大峰　葛城　石の鎚　箕尾よ　勝尾よ　播磨の書写の山　南は熊野の那智　新宮」と詠われた修験の聖地で、西国観音巡礼第二十三番札所として知られている。鵜飼さんはこの勝尾寺が清和天皇の玉体安穏を祈って効験を示したことから以前は王に勝つ寺＝勝王寺と名乗っていたという寺側の資料に着目して、勝王寺＝徒歩《かち》王子ではなかったかと推理して、海上（戒成）皇子との縁を仄めかし、ついで「壬申の乱」で自害したはずの大友皇子が流離した地として祭神に祀る千葉県市原市の飯給《いたぶ》白山神社が、やはり地元民から食料を得たという伝承に基づいて命名されているのを引き合いに、タビ（旅）は「給び」「賜び」に由来すると唱えた柳田國男説と結んで、示唆に富む（白山の会紀要8号『白山神を祀る人たち・祈る人たち〔8〕——カチワウジ説話の成立についての推論』）。

ところで、この海上（戒成）皇子説話は、花祭りの里として知られる愛知県南設楽郡東郷村

（現新城市）の白山神社にも、次のような漢詩風な文言となって残されていた。

於御殿飼白雀　御殿において白雀を飼はせらる
将給餌飛放　まさに餌を給はらんとすれば飛び放る
再捕踏穢大地　再び捕へんとして穢れし大地を踏まる
罹悪病出殿　悪病にかかりて殿を出で
漂泊旅至東原　漂泊　旅して東原に至る

こちらは皇子の名は「開成」と表記され、後醍醐天皇の第三皇子だが、ほかはそっくりだから、こうした伝承には共通する話型があったことが知られる。
その意味では、群馬県粕川村における鶴姫伝説は、右に見た貴種流離譚のニュー・バージョンと言えるかもしれない。

徳川時代の初期、慶長年間大胡城主牧野駿河守の御息女鶴姫君は、質悪しき病気（天然痘か）にかゝり城中に居ることを喜ばず、遂に大胡城から約二十丁東方に地を選び御殿を建て、弾右衛門、弾兵衛の二人の家来を付けて鶴姫君を別居させた。此の時前記二人の外添ひに来つた家来は十余名あつた。
新御殿に引移つた弾右衛門等は相談の上加賀の白山に詣で、その分霊を勧請して専ら姫の御快癒を祈願すると共に、専心養生に努めた甲斐あつて姫の病気は全快した。父君駿河守を初め家中の喜びは一方でなかつた。

鶴姫はこの新御殿に移つてから、約四十年後の慶安三年一月に没した。

鶴姫君が亡くなる二十年前のこと、大胡城主牧野駿河守忠成は徳川秀忠将軍の命により大胡二万石から越後長岡の城主五万石に転封せらるゝに当り、鶴姫君の費用と、白山神社の社殿建築費として莫大の金子を賜つた。

主君御出発に際して、弾右衛門等は国境の碓氷峠の坂下まで御送り申し上げた。主君は懇ろに鶴姫の後事を託すると共に送り来りし労を犒《ねぎら》ひ今日来りし此の地を記念として「坂本」の姓を名乗るべき命を賜り、爾来坂本弾右衛門と呼ぶことになつた。

其の後、弾右衛門等は神殿を造営して祭典を欠かさず、祭主は弾右衛門これを勤め、爾余の者は皆氏子となつた。

右は夏山茂『部落に於ける口碑伝説記録の研究』からの引用である。鶴姫の「質悪しき病気」を「天然痘か」と註しているが、「癩」と書くにははばかりがあったのかもしれない。付き添った家来の名を弾右衛門、弾兵衛としているのは、関八州の被差別部落の元締、浅草の弾左衛門にあやかったのだろう。

鶴姫が療養した御殿があったという「鶴姫山」、大胡城から通じる「かったい街道」、鶴姫の墓とされる「鶴姫供養塔」は今も現地に残されていて、鶴姫を慰めるために演じられたのが始まりという三番叟《さんばそう》は、近年粕川白山神社の祭礼に復活した。牧野駿河守も牧野忠成も実在の人物だが、鶴姫に該当する息女は見当たらない（『込皆戸の歴史と生活』）。

これと似た話は、甲斐にもあった。武田信玄の父、信虎の妹春姫が癩病にかかり、明野村のひむろ堂に移り住み、姫の歿後、従者はその地に定住して、部落の祖となったと伝えるが、ここでも春姫の存否は確認されていない。

周知のように折口信夫は、神、あるいは神に近い尊い身分の人が、罪を得て流離《さすら》い、辛苦が極まって死に至り、転生して神に祀られるという話型を、貴種流離譚と名づけた。在原業平の東下りや光源氏の須磨流離のように、貴人が罪あって都を離れ、地方に流離って辛苦するのはその変型で、説経節の『小栗判官』や異例の人『しんとく丸』になると、その犯しと再生の様相は、よほど上記の伝承に近づく。

この場合、いずれもその犯しが「悪病」＝癩として発現しているのは、「河原巻物」が語る祖神の場合と同様で、別名天刑病として恐れられ、忌避されていた当時の事情を反映していよう。『古事記』ではスサノオが追放された理由を、国つ罪、天つ罪を犯したことに帰したが、その国つ罪の一つに数えられた「白人」「胡久美《こくみ》」は癩を指すと思われるので、当時からそれに値すると見られていたのは疑えない。

ちなみに折口は、この「白人」「胡久美」を「神の奴隷となる筈のしるしを持って生れた訣で」「物忌みをして、神前に奉仕する資格をつくるべきものである」（『道徳の発生』）と註しており、聖痕の一種と捉えている。『一遍聖絵』をよく見ると、橋の下や町はずれに白覆面姿の癩者や被差別者を描きとめてある。それは、当時その病ゆえに家族からも見放されて行き場を失い、被差別部落に身を投じた彼らのあいだにも一遍が信仰を説いてまわり、尊崇を得ていた証しだが、その癩者を支配していたのが、検非違使の配下の長吏であってみれば、被差別部落は一般に癩のイメージと結びつきやすかったのであろう。

ところで、上記被差別部落が祀る白山神社の伝承が「白い雀」や「鶴姫」というように、白い鳥のイメージを大切にしているのは、なぜだろうか。それを、私はヤマトタケルが死して白鳥となって飛び去った貴種流離譚と重ねずにはいられない。言葉を発することのなかったホムチワケも、空を行く白鳥を指さして初めて口をきいた。吉野裕子著『陰陽五行と日本の民俗』は、五行で白色の象徴するものは、金気、酉（鳥）、西、言なので、啞の皇子が白色の鳥鵠を見て初めてものを言い、西の出雲の大神を拝むことによって失われた言語機能を恢復したのは理に適っており、それは白の呪術を施されたからであると力説するが、それはともかく、古代人にとって、鳥は魂の表象であり、神との仲立ちをするもので、しかも、この場合、白鳥と言い、白雀と言い、鶴と言い、「白い」鳥だったことが重要である。白山信仰の「白」を思わないではいられない。

為政者の恣意で、時代も環境も絶えず移り変わってゆくなかで、中核にある観念や思想は共通の話型を通して脈々と伝わってゆく。それこそが、民俗の文化であり民衆の信仰というものであろうと私は常々考えているが、権力から見捨てられた被差別部落の伝承にそれが沈められ、白山信仰の白に結晶しているのは、まことに尊いと言わなければならない。

第4章　差別と暴力——菊池山哉の民俗世界にそって

「俘囚」という曖昧でねじれた存在

「別所」は、大和朝廷側が俘囚《ふしゅう》、つまり蝦夷《エミシ》征討の際、投降したり捕虜になったりしたエミシを、移配した土地であるとの説を唱えたのは、在野の民俗研究家、菊池山哉であった。彼はまた、長吏部落の始源を鎌倉初期に求めて、義経の潜行を恐れた源頼朝が、奥州下りの重要地点に雑色《ぞうしき》を配して監視し、追捕に当らせたのが、始まりであるとした。

私は平成十六年に、この菊池山哉の仕事について、その全体を紹介し、考察した、『余多歩き菊池山哉の人と学問』を出版した。そのせいだろうか、「季刊　東北学」誌が「暴力のフォークロア」という特集を組むにあたって筆者に与えられたテーマは、表題のごとくである。

全共闘世代に近いので、暴力と聞くと、何やら血が騒ぐ。このところ立て続けに起きている地

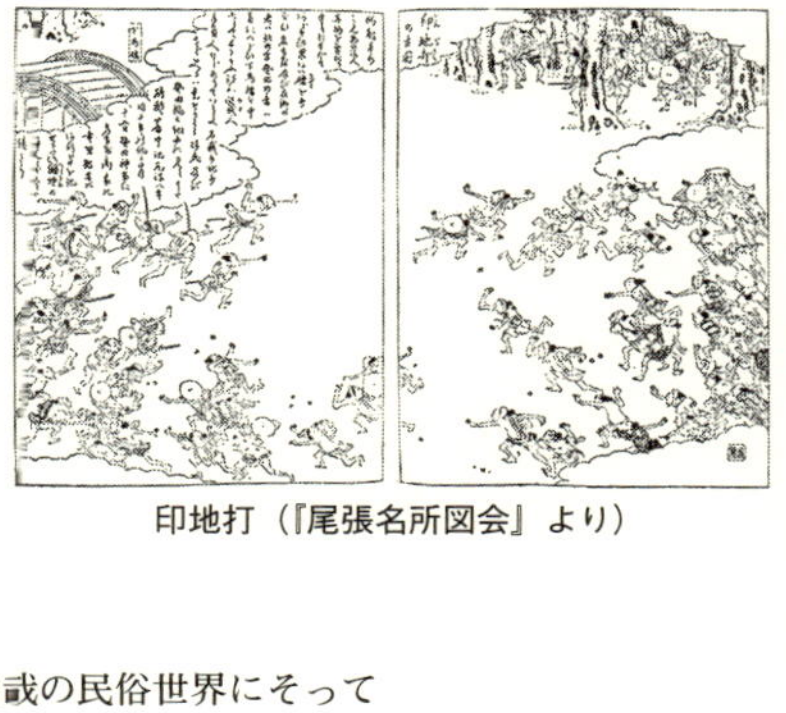

印地打（『尾張名所図会』より）

震や大津波（追記——東日本大地震が発生したのは、六年後であった）は地球の暴力ともいうべきものだが、オウム真理教団による地下鉄サリン事件や9・11や酒鬼薔薇事件やイラクでの爆破テロはもとより、家庭内暴力からイジメまで、突如発情したみたいな昨今の荒れた世相は、何かしら世界の底が抜けてしまったような、不可解で不安なものを感じさせる。二十世紀最大の愚挙、ナチの強制収容所も、スターリンの収容所群島も、ヒロシマ・ナガサキの原爆投下も（同——東京電力福島第一原子力発電所の放射能漏れ事故も）、いっこうに教訓になっておらず、いつまで懲りないつもりだと、言いたくなる。

さればこそ、「暴力のフォークロア」というテーマが特集されるのは時宜に適ったことで、以前その犀利な分析に驚嘆した覚えのあるベンヤミン、アーレント、クリステヴァ、ジラールなどの所説を援用しながら、過去のさまざまな民俗事例と現在を行き来して、大いに論じてみたい誘惑がしきりだが、この小文ではそこまで話を広げるつもりはないし、その余裕もない。

そこで、ここではまず第一に、山哉の言う別所なる地に、大和朝廷側は何ゆえ俘囚を強制連行したか、そこでの彼らの境遇、すなわち差別と暴力の実態は、いかなるものであったかを、問うてみたい。第二は、警察権と行刑権を併せもった長吏部落が、別所ともども卑賤視の対象となり、後世被差別地域に転落したのはなぜか、である。

最初に、別所から見ていこう。山哉が別所の例として示すのは、次のような場所であった。『別所と特殊部落の研究』から、要点を抜書きする。

武蔵国久良岐郡大岡別所　鎮守は白山神社。本地十一面観音。別所谷の一番奥に薬師堂がある。墓場は共葬で、丸石を置くだけ、あたりに古い骨が散乱し、上古の奥つ棄戸は、かくもあらんかと思われ、古い〳〵長吏曲輪の墓と一脈通ずるものがある。入口の村を最戸《さえど》村と言う。最戸は塞戸《さえど》の義。石棒が祀られ、貝塚もある。按《おも》うに俘囚は平安前期移配された後も石棒を祀り、また許されて、貝の採取に出たものであろう。

同児玉郡金谷別所　児玉町の西南。民家十七戸ばかりであるが、今長吏曲輪《くるわ》となっており、実に稀有の例である。別所の人々が退転して、その後へ長吏の人々が入ったものか、別所の人の一部が長吏となったものか、頗る興味ある問題であるが、現場踏査の結果は、別所の人が長吏となったと見るのを妥当とする様に考えた。その理由とするところは、古くから存したと認められる神祠や墓場が、そのまま信仰され使用されていることで、即ち荒廃こそしているが、村内の遺跡が全部活きている。鎮守は白山神。山の中に厄除観音と彫られた石碑、恐らくは十一面観音であろう。他に石神様と御手長神社。墓地は奥つ棄戸の感が深く、元徳三年（一三三一）とハッキリ読める板碑があった。隣の大字梅原は、古く埋原と言い、児玉の百塚と唱えて群集墳墓地である。問題は別所の人と金屋鋳物師との関係ありや否やである。

信濃国　小県《ちいさがた》郡温泉別所　信州別所温泉として、古来余りにも有名である。上田市から鉄道まで敷設され、大厦高楼軒を連ねて、この別所ばかりは他の別所と全く景観を異にする。然し、その地は山間であり、温泉なき別所として見る時、その地勢は敢て他の別所に異るものはない。常慈覚大師草創の観音堂は北向観音とも、厄除観音とも称えて、上下の信仰深いものがある。

楽寺の八角四層楼は鎌倉末、嘉暦四年（一三二九）の建造物として国宝。上古の街道はここを通らない。

三河国北設楽《したら》郡設楽別所

設楽郡という郡は新しい。「延喜三年（九〇三）八月、宝飯郡を割きて設楽郡を設く」とある。三河国の東北大半擁する大郡であるが、山また山の奥深く、末は信濃の伊奈郡へ接する。その設楽郡が明治になって南北に分かれ、北設楽郡の本郷が別所であるということは、種々の意味で興味深い。北設楽全部におこなわれる花祭りは、一部の学者に日本の元始祭祀として名高いものである。参謀本部の図面を見ると、豊橋つまり三河の国府方面から、蜿蜿として別所街道なる国道が、信州新野へ続く。しかし図面の何処にも別所村なる村は見当たらない。蜿蜿二十里の長きに亘って別所街道なる書き入れはあるが、別所の名は遂に見えない。しかし別所の名が名高いから、三河の西南隅から東北隅に縦貫する幹道に、その名の冠せられたろうことは、推するに難くない。『地名辞書』の著者は、本郷村とあるので、『和名抄』の何郷にあたるならんと考えた結局、充つべき郷がないので、筆を投げている。『熊谷家記』にある通り、新田義貞の末葉と称する人々が、北設楽国境近く隠棲して、連綿今日に及ぶが如き、また応永三十一年（一四二四）尹良親王のこの地へ遷幸せられ、遂に宮は信濃国伊奈の大河原で御生害遊ばされた如き、また井伊谷の宮も近く、この山間が宮方であった如実を物語るであろう。同由緒書は「別所は、禰宜、祝部等、神に仕へ候もの住居いたし、天文元正の頃迄、近村隣里の神事に雇はれ候由、言ひ伝へにも残り、諸社の棟札にも有之候」と記し、他にも別所を中心とする北設楽の治乱興亡を伝えて興味あるものである。尚この地の花祭りを子細に観察する事は、日本の祭祀を知る上に、而して別所を知る上に重要である。

備前国御津郡伊福別所　岡山市の西北半里。別所の岡の入口を栗岡と言う。ここに栗岡社があった。そこは伊福郷の人々が虫送りの祭をして、最後に繰り込む場所であり、栗岡とは繰り込みから生じたものという。今でも其岡の下に、塞の神が祀られてある。今別所に風除神社しかない。小さな祠であるが、かさ除けとして、商婦の参詣するものがある。それにしても、別所の入口に塞の神が祀られ、虫送りの最後の繰り込み場とされるなど、一体別所は如何なる流系の人々であったものであろうか。

右は山哉が実地に踏査した七十七の別所のうちの、わずか五例だが、これをもってしても、その特異な相貌は伝わってこよう。彼がこの別所を俘囚の移配地とみなしたわけは、次のような推論を重ねた結果であった。

一　共通の名義と共通の特異性を有する別所村は、共通の成因を有する。
二　延喜式に百万束からの正税が計上せられ、普《あま》ねく各国に散在して居つた俘囚村が、消えて無くなる筈がない。
三　延喜式所載の俘囚料の多寡は、別所村の数と大体に於て合致する。
四　俘囚は早く編戸の民となつたが、課役を科する勿《なか》れとか、平民と同うせしむる勿れとかあるので、必ずや差別観のある村を生ずるわけであるが、近畿の別所村は明らかに差別されて居る。
五　俘囚村は、其出入り制禁されたやうであるが、別所村に其名残りがある。
六　近江以東の諸国に於て白山神を祀るのもの(?)は、エタ族の長吏村か、奥州の俘囚長かに限られて居るのに、別所村には白山神を鎮守とするものが往々にしてある。東光寺なる薬師本尊の寺院ある事、また同様である。
七　別所に慈覚大師建立の薬師堂が現存するが、夫《そ》れは俘囚静謐の宿禱によるもので、右寺院に対し源頼朝の所謂源家累代の祈願とは、源頼義義家の奥州俘囚征伐を指すものである。
八　俘囚で度し難いものは、愈々《いよいよ》山奥へ追い込まれた様であるが、別所には農耕の民の住み得られない土地がある。
九　俘囚として当然陥るべき業体、諸芸人に近畿の別所村が従事して居つた。
十　俘囚は其管理上、各郷へ一ケ所づゝ配置されたかと推定さるゝに対し、別所村も古郷に一ケ所づゝ存在する。

別所といっても、『広辞苑』が説明するように、一般には①新しく開いた土地。別符、②本寺の周辺に結ばれた草庵の集落化したもの、を指す場合が大半で、なかにはエミシの本拠地であった秋田県大館市にもポツンと別所地名が見つかるくらいだから（おそらく、その発生は中世であろう）、山哉説を鵜呑みにはできないけれど、私は彼が実地に調査した別所に関するかぎりは、俘囚を移配した蓋然性は高いと考えている。ことに、円仁慈覚大師（七九四―八六四）が建立したという伝承のある、薬師堂あるいは東光寺とセットになった別所は、わざわざ山門が北方のエミシの地に向いて建てられていることからして、注意を要する。では、彼らは何ゆえ、そうした地に配されたのであろうか。

わが国における俘囚の語の初見は、『続日本紀』神亀二年（七二五）閏正月四日の条で、それには、「陸奥国の俘囚百四十四人を伊予国に配し、五百七十八人を筑紫に配し、十五人を和泉監に配す」とある。前年に陸奥国のエミシが反乱したので征討軍が派遣され、そのときに投降したり捕虜となった俘囚を、伊予、筑紫、和泉監に移配したのである。むろん、移配というのは大和朝廷側の用語であって、大半の俘囚が現地に残ったなかで、わざわざ少なくはない一団を遠国に強制連行したについては、それなりの理由があったはずだ。

既存の有力な説に、分断策と内民化策がある。内地の人間を俘囚の地に大量に投入して、土地を開発し、大和化をはかったのと入れかわりに、油断のならない俘囚を内地の逃亡困難な山間僻地に連行して分断し、反乱の芽を摘んで、時間をかけて忠実な臣下に仕立てていったとするもので、それは俘囚料を給したり、吉弥侯《きみこ》（公）部《べ》姓を授けて爵位を与えるなどして、しきりと懐柔をしていることにもあらわれている。もっとも、これは、移配地は近畿周辺に限られ、朝廷の隼人司に隷属して隼人舞を奏したり、吠声《はいせい》（犬の吠える声）を上げて仕えた隼人にくらべると、たいした優遇で、それだけ俘囚は数が多く、手ごわいだけではなくて、利用価値も高かったと考えたくなる。

その点で、興味深い指摘をしたのは、『鉄と俘囚の古代史』を著した柴田弘武氏である。氏は山哉が検出した二百十五の別所地名に加えて、角川『日本地名大辞典』や平凡社『日本歴史地名大系』などから新たな別所地名を拾いあげ、合計四百九十三の別所の半数を実地に踏査した結果、山哉の説は動かしがたいと認定したうえで、さらにその多くに古代タタラ製鉄、または精銅、水銀、鍛冶などの金工にまつわる神社、寺院、伝説を見出すばかりでなく、現にその別所そのものか、その近辺に古代製鉄遺跡が発見されることから、大和朝廷の蝦夷征伐の目的は、奥州の鉄を始めとした鉄鉱資源の獲得であり、また産鉄その他の鉱産・加工労働力の確保にあったと、魅力的な新説を述べたのであった。そういえば、先に引いた備前国伊福別所の伊福地名は息吹が語源だから、タタラ製鉄とは切り離せない。余談だが、現代音楽の作曲者として知られる伊福部昭の祖は同地の出だそうである。柴田氏はその後、全国の別所地名六二一箇所を踏破して、『全国「別所」地名事典　鉄と俘囚の民俗誌——蝦夷「征伐」の真相』上下（彩流社）を完成させた。

奥州でいつごろ産鉄が始まったかは明らかでないが、当時すでにエミシが鉄器を生産し、使用していたことは疑えないし、東大寺の大仏造立にあたって小田郡産出の黄金が果たした役割から推して、大和朝廷がエミシの有する金属資源と鉱産・加工労働力に目をつけた可能性は十分に考えられる。現代に置き換えれば、アメリカがイラクに強引に侵入し、国連の調停を無視して、統治に躍起になっているのは、石油資源を確保したい一心なのは、あまりに自明である。宮崎駿監督のアニメ『もののけ姫』は、室町時代中期の設定のようだが、アシタカの住むエミシの村のタタラ場の様子は、別所で使役される俘囚の労働を髣髴させてやまない。

土着の百姓と違って、農耕を知らぬ彼らは、鉱産以外の雑役にも投入されたであろう。『安寿と厨子王』の安寿は、苛酷な塩汲みに従事したが、それを監視して、ことあるごとに暴力をふるった山椒太夫は、散所太夫の謂いであった。別所が一部長吏部落に変じたように、中世に発達した散所のなかには、別所の発展したものもあったはずだ。

さて、このように見てくると、別所の成立と存続には、差別と暴力が深く関わっていることが、否定しようもなく浮かび上がってくる。上層部の寝返った者たちは別だが、大和朝廷側との戦いに敗北して投降し、捕虜となった彼らには、いかなる権利も認められず、法の及ぶ道理もなかった。先の大戦中、植民地の朝鮮人を内地に強制連行して鉱山で働かせたのもそれで、北朝鮮による日本人拉致事件も似たりよったり、敵対する国家同士が互いにふるう無法な暴力は、今も昔も変わることがない。

そして、この場合特に注意したいのは、強者・弱者に関わりなく、まるで自然現象でもあるかのように発動する、暴力の性格であろう。史書が記録しているように、俘囚移配地では、しばしば暴動や反乱が起きた。支配する側と支配される側に亀裂が生じ、抑圧が限度を超えたからである。その意味で、印地打ち＝つぶて＝石合戦の風習は、京都北白川の印地（院地＝別所）で五月五日、その日だけ許されて、敵味方に分かれて公然と石を投げ合ったのが始まりであると述べた山哉は、それと知らず、差別と暴力の本質を突いていたのだ。

差別と暴力は、共に法が苦手にするものの代表である。せいぜいが、抑圧、禁圧で、人為では扱いにくいから、ときにガス抜きが必要とされる。すなわち、祭礼でのつぶての風習（たとえば武蔵六所宮〔現府中大国魂神社〕のくらやみ祭り）は、時代が進むにつれて、良識が抑圧し禁圧した過去の民族の記憶を、儀礼として復活させたものなのである。

差別と暴力の隠微な関係

差別と暴力は、往々にして、支配・被支配の編目が裂け、ほころびるところに生じる。その典型が、別所と並んで山哉の被差別部落研究の双璧をなす長吏部落でのケースである。ここでは、『長吏と特殊部落の研究』から二例のみ挙げておく。

信濃国埴科郡坂城村（字名は伏す）

○坂城町の入り口を扼して居る。坂に位置して、要害の地と言へる。
○白山神、二ケ所ある。二ケ所あるのは、頭目《とうもく》の変つたときに生ずるものが多い。
○密集に近いが、左までひどくは無い。三十戸ばかり。
○昔こゝに牢場があり、首切りの場もあつた。付近長吏部落の凡ての取締で、宝治年間こゝへ来たとの事であるから、丁度七百年前の事となる。こゝの白山神社には五人抱への大欅があり、坂城七本木の一つであつたと云。（中略）村上氏の墨付を所持して居つたが、維新当時大庄屋から偽文書なりとて焼かれて仕舞つた。坂城神社は式内社である。坂城村は即ち和名抄の坂城郷である。古村でない限り古部落のある筈はない。

相模国鎌倉郡鎌倉町

○極楽寺の西であり、東海道の関門である。京都からの使者や道者は、何れもこゝを通らなければならない。
○白山神、小袋谷と違つて山の高処に鎮座する。祭礼は九月十八日、御神像は岩座、立像、両手に蛇を捧げ、頭部は渦巻き、極彩色である。虫歯に効き、萩の箸を供へる。
○農家、密集ではない。各自屋敷構への垣根を廻らして居り、曲輪としては希有の事である。十三戸ばかり、全部□□（伏す）姓を名乗る。
○此処の頭を相州九郎右衛門と称する。また□□九郎右衛門と名乗る事は、古沢の方にも其伝へがある。信州小諸の長吏が鎌倉から来たと伝へ、△△姓を名乗つて居るが、□□姓の訛りであらうか、否か。
○風土記稿云、長吏、戸数八軒、今其首長を九郎右衛門と云ふ。往古播州より移りて此に居住し、鎌倉府の後、鶴岡八幡宮祭祀の時は、烏帽子素袍にて、先立の列にありと云ふ。頼朝より配下を定めし証状一通蔵す。
○辰ノ口刑場は、この曲輪の持ちであつたらうか。（中略）尚ここの長吏も、先祖は摂津から来たと言ひ、浅草の弾左衛門も、摂津国河辺郡池田から、鎌倉に下向したと云。そして池田領火打村の長吏とは、特別に関係のある事が書き上げに記してあるが、若しやこの一連の人々は、其方面から出た雑色であつたらうか。夫れは、極楽寺も、小袋谷も、藤沢も、江戸浅草も、平塚も酒匂《さかわ》も、何れも頼朝の折の補任であり、鶴岡八幡宮奉仕の役人であつた事を伝へて居るからで、鎌倉開府の初頭、鶴岡八幡宮造営祭事の当初、石清水八幡宮初め、他の社寺奉仕の雑色を上方から呼び寄せたものであらうか。雑色が当時既に祭事に重要な役割を演じて居つた事は、諸記録で明らかな事である。

長吏とは、読んで字のごとく、吏員の長の意だが、三井寺で智証大師円珍が初めてこの職に補せられて以来、代々その長たるものを称した。比叡山で座主、東寺で長者という類で、加賀白山権現でもその長たるものは、長吏と呼ばれた（長吏部落の名称は、この白山権現の長吏に由来すると、山哉は説明した）。したがって、犯罪者や謀叛人を追捕し、極刑に処することを職務にした部落の者が、そう呼ばれたときに、既に蔑称に転落していたのは、今日、ふんどしかつぎを関取と呼び、キャバレーの勧誘で社長でもない者を社長と呼ぶのと、同じである。

言うまでもないが、警察権・行刑権は権力者の側に属しており、その正当性は権力に基盤を置いている。権力に反抗的な民衆が、しばしば彼らを権力のイヌと呼んではばからないのには、理由があるのだ。

お尋ね者を捕らえる目的で、街道沿いの要害の地に配せられる彼らは、権力者の側から見て、その手先、下僕に過ぎない。そうした弱い立場の者が、同じ弱者を取り締まり、暴力をふるい、殺害さえ辞さないのは、大和朝廷が夷をもって夷を討たせた俘囚の場合と変わらない。権力の代行者であって、なおかつこうした曖昧でねじれた存在が、人びとから嫌悪され、賤しめられ、差別を受けるに至るのは、心理的に構造的に理解できぬことではないのだ。おまけに、長吏部落の人間は、戦乱が治まって本来の出番が少なくなると、生きるために人の嫌がる生業に携わるようになって、それが固定化する。いわゆるカワタ（皮多）部落、エタ部落である。

差別と暴力の隠微な関係は、これに留まらない。象徴的なのは、幕末維新の際に、浅草弾左衛門が倒幕側にではなくて、旧体制側についたことだろうか。このとき、弾左衛門改め矢野内記の手下二百名は、新撰組の近藤勇率いる甲陽鎮撫隊に加わって、官軍と砲火を交えたし、練馬の小頭は逃亡中の榎本武揚を部落内に匿ったりもしている。二百五十年以上もの長きに亘って、幕府からはさんざん貶められ、収奪されてきた存在なのに、斃馬牛の取得を初めとする特権を手放すことは死活問題ゆえ、体制と運命を共にせざるをえなかったわけで、ここにも、彼らの苦渋はにじみ出ている。

血と暴力は聖なるものに道を開く

ところで、本稿で私が本当に問題にしたいのは、じつはここから先で、それは先に引用した山哉の報告文中に再三出てくる白山神に関わる。つまり、別所や長吏部落は、なぜ白山神を祀ったかである。

菊池山哉は東国の被差別部落の多くが白山神を祀っているのを不思議に思い、その謎を解こうと、白山千社参りを決行して、丹念な聞き取り調査をした。その成果が『長吏と特殊部落』と『別所と特殊部落の研究』の二大主著だが、山哉の追求はそれに足りず、有史以前にまでさかのぼった。

彼の仮説をごく大づかみに要約すると、こうなる。すなわち、私たち日本人はさまざまに混血を重ねてきてはいるものの、本来その祖先は大和朝廷の側から退けられた、クズ、サエキ、ツチグモ、エミシ、ハヤト、クマソなどの名前で呼ばれた日本列島の原住民の一族であって、なかでも被差別民は比較的純粋にその血を受け継いできているので、彼らは原住民の信仰したシラヤマ神の後身としての白山神を、今に祀っているというのである。

これは、暴論のようでいて、よくよく考えると、きわめて独創的な問題提起であることが分かってくる。くわしくは前著をごらんいただきたいが、その非凡な着眼と洞察は、私たち日本人の起源と、その民俗宗教の全般を根本から見直すヒントに満ちている。

ただ、私に不満なのは、それでもってある程度は白山信仰の謎が解明されるとしても、そのような信仰を受け入れた被差別民が、別所や長吏部落の白山神に向かって具体的に何を祈ったかという肝心の点には、考察が及んでいないことだった。したがって、以下にこの問題に少しだけ触れておきたい。

見てきたように、俘囚も長吏も、歴史的に正当性からは遠い存在であった。本来あるべきところから切り離され、裏切りや投降ゆえに、同じ弱者であるはずの民衆からも隠微な差別を受けてきた彼らは、私には西欧で言うと、ユダヤの民やマラーノ（キリスト教に強制改宗させられたユダヤ教徒）のような存在に映る。

しかも彼らは、ユダヤの民の多くが営むような、直接には手を汚さぬ金融業などではなくて、獣を屠って肉や皮革を取ったり、処刑や埋葬など人の嫌がる仕事に従事した、血と暴力にまみれた存在であった。むごいと言えばむごい、しかしこの世に生きてあるかぎりは、避けて通れぬことを生業にする人びとが卑賤視されるのは、根本的に間違っているが、存在自体が穢れているとされた人びとの心の闇は、なまはんかな同情は許されない。

その曖昧でねじれ矛盾に満ちた生存のありかたが、現世ではどうにも変えようがないと知ったとき、彼らは神に向かって何を祈っただろうか。白山神の主神とされる菊理媛は、あの世とこの世の境にいて、黄泉の国のケガレに染まったイザナギに託宣して、ミソギをすすめ、再生へ、ヨミガエリへと導いた。白山神と習合した十一面観音は慈悲深いだけではなくて、それに向かってツミ・ケガレを懺悔しなくてはならない、厳しく恐ろしい面を併せ持つ。春を告げる儀式として有名な東大寺二月堂のお水取りの正式名は、十一面悔過《けか》であった。

自ら被差別者としての出自をカミング・アウトした俳優の三國連太郎は、山哉説を取り入れたのであろうか、その著『白い道——しかも無間《さべつ》の業に生きる』（毎日新聞社、のちに『親鸞 白い道』〔三國監督〕として映画化された）で、洛北の大原、花背、鞍馬、八瀬、北白川の各別所では、俘囚が雑役に使われ、肉食の習俗を有する汚穢な存在として、ことごとに賤視されていた事実を指摘し、なおかつそこから慈覚、源信、良忍ら多くの聖《ヒジリ》が輩出したことに、注意を促していた。生きるためには流血を厭わず、生あるものを屠り、あるときは処刑に手を貸してでも、生きてゆかざるをえない被差別民の心の闇を、殺戮した動植物を食糧として生きてゆかざるをえない人間一般の心の闇として間近に凝視するなかで、白山信仰と寄り添うようにして編み出され、鍛えられていったのが、彼らの新宗教であった。

権力や法といった人為が及ばないところで、暴力は炸裂し、差別が跳梁する。ヒューマニズムも、人権も、人道支援も、国際貢献も、政治の場でそれらが美しく語られるときには、警戒したほうがいい。大は戦争やテロや拉致問題から、小は家庭内暴力やイジメにいたるまで、跋扈する暴力や差別は、むしろこの世の実相なのだと覚悟すべきなのではないか。

戦後六十八年、まやかしの平和にはもううんざりだが、といってかつての全共闘がしたようにゲバ棒をふるい、いきりたったところで、世の中はびくともしない。それよりも、ルネ・ジラールが、暴力は聖なるものの起源だといったことの意味をよくよく考えたい。そして、私はそれに差別も加えて、暴力と差別が聖なるものに道を開くと言い直してみたい。断るまでもないが、私は何も暴力や差別を奨励しているわけではない。そうではなくて、暴力や差別というやっかいなものから、目をそらすなと言いたいのである。

蛇足を承知で繰り言を言うと、私は弟分に当たるいわゆる全共闘世代を横目に眺めてきた者である。官僚主義がはびこる既成の秩序には、同じように腹をたてながら、連中の昂ぶった心情に馴染めないで、どちらかと言えば、冷ややかに見ていたほうだった。まして彼らが嬉々として企業戦士になってからは、当然批判的だった。けれども、あと数年で彼らが第一線から退場する今になって、惜しむ気持が湧いてきたのは、なぜだろう。

個々人を見ないでひとくくりにする物言いは本意でないが、それでもシラケ世代やオタク世代にくらべれば、彼らのほうがいくらかましだったと、反省する自分がいるのである。ゲバ棒を抱え覆面をした当時の彼らの姿が、いま『一遍聖絵』の片隅に登場する癩者や被差別民の白覆面の姿と二重写しになる。けれども、決定的に違うのは、彼らは勇士と讃えられたことはあっても、ついに卑賤視を受けたことがなかったことだろうか。ゴッコの世代と揶揄されて、体制からは軽くいなされてしまったのも、うべなるかなである。

だから、私はよけいいま、海外に派遣される自衛隊員諸氏に言いたいのである。あなたたちこそは、別所に移配された俘囚と変わらないのだよと。国家としての暴力が発動する他国の戦場に、軍隊でもないのに、非戦闘地域という名目の地域に強制連行され、地元民からは感謝されていると吹きこまれて喜んでいる自衛隊とは、なんと悲しい存在であろうか。間違っても、使命感などという言葉は使ってほしくない。事実は、誇り高きエミシでありながら、大和朝廷側に投降し、捕虜となって、エミシ殲滅の先陣を務めざるをえなかった俘囚と同じであり、郷国から切り離されて遠方の僻地に移配され監視され、ひたすら使役されるだけだった俘囚と同じなのである。そこには、もはや誇りはおろか、最低限の正当性すら保障されていない。

しかし、これも平和ボケした戦後日本にとって貴重な経験ではあるのだろう。自分たちの歴史を、民俗を喪失し、放擲し、無宗教であるとうそぶいて平然としている現代の飽食日本人が、今また一から学び直そうとしているのであれば。

第5章　白山信仰と柳田・折口

柳田國男の緘黙

日本民俗学の創始者柳田國男と折口信夫が遺した仕事は、私にとって今も仰ぎ見る巨大な山塊である。さすがと言うべきか、この二人は白山信仰に関しても、きわめて重要な指摘をしているのだが、そのことはあまり知られていない。そこで、本章では両者の指摘と、そこから私が触発された事柄に絞って述べてみたい。

すでに本書で何度も言及しているが、柳田國男が被差別部落で白山神を祀っていることを指摘したのは、大正二年五月「国家学会雑誌」二十七巻五号に発表した『所謂特殊部落ノ種類』の中であった。初期の柳田の関心は、後年と違って「非常民」に向けられており、そのことはこの前後に『「イタカ」および「サンカ」』『巫女考』『毛坊主考』といった諸作が発表されていることを

白山牛王の板木

見ても明らかだろう。

けれども、こう指摘したのみで、以後「常民」の研究へと急ハンドルを切った柳田は、こと白山信仰と被差別の問題に関しては、緘黙を守った（言ってみれば、その間隙を突いて登場したのが、歴史家の喜田貞吉であり、在野の研究者菊池山哉だったわけである）。

したがって、もしも柳田がそれだけで終わっていたなら、白山信仰に関しての彼の栄誉はそう指摘した最初の人であるという一点に帰せられてしまうだけなのだけれど、そうは終わらなかったのは、最晩年の著作『海上の道』中の一篇『稲の産屋』で、それまでとはまったく異なる新しい視角からその本質に触れたからである。東日本ではニホ、西日本ではイナコズミと呼ばれることが多い、収穫した稲を穂をつけたまま積み上げたイナムラ、稲積、ひいては稲霊を、先島（宮古、八重山群島）ではシラと呼んだと述べたのに続く、次の一節だ。


沖縄本島以北の稲作地帯では、稲のシラといふ言葉はもう全く知られて居らぬ、といふのが或は実際であるかも知れない。貯穀管理に力を入れたマヂン（真積）の方式が既に普及し、且つ信仰を基柢とした古風の稲栽培が、次々と主要なる邑里の周囲から消え去つたからである。しかも他の一方に於て、人間の産屋をシラと呼ぶ珍らしい言葉だけは、今でも殆と三十六島の全部に、分布して且つ活きて居る。シラをウブヤと言ひ替へる者はたま〳〵有つても、たとへば妊婦をシラピトウといひ、産婦をワカジラアといふ類の多くの複合形は、到る処に外来者の耳をそばだたせて居る。

曾ては日本の西南一帯の地にも、産屋をシラと謂つた時代が、あつたのではないかと私は考へて居る。ほゞ紛れのない一つの例証は、いはゆる産屋の穢れをシラフジョウといふ地方語は、こちらでも決して珍しくない。是は喪の忌を黒不浄、月の障りを赤不浄といふに対して、白であらうと事も無げに解する者が多いが、産屋の慎しみを白といふべき理由は無い。寧ろ黒赤二つの名の方が、この誤解に誘はれて後から出て来たもので、つまりは是も亦シラといふ語の元の意味が、追々と忘れられて行く過程だつたかも知れない。是について更に思ひ合す一事例は、愛知県の東北隅、三州北設楽の山村に、近い頃まで行はれて居た霜月神楽の中に、シラ山と称する奇特なる行事があつた。数多の樹の枝や其他の材料を以て、臨時に大きな仮山を作り、前後に出入りの口を設け、内には桟道を懸渡して、志願ある者をして其中を通り抜けさせた。是を胎内くゞりといふ言葉もあり、又障り無くこの行道を為し遂げたことを、生れ清まはりと呼んで居たとも伝へられる。我邦の山嶽信仰の、是は普通の型とも見られようが、それをシラ山と名づけたのには、或は埋れたる古い意味があるのかもしれぬ。加賀の名山などは、夙く白山《はくさん》と字音に呼ぶことになつて居り、之を菊理媛の神の故事に結びつけた神道家の説も新しいものでは無いが、今迄の常識者は寧ろ春深くまで、消え残る高嶺の雪を聯想して怪しまなかつた。しかし考へて見れば是もやゝ無造作に過ぎて、命名の詮も無いやうである。

柳田が天才的なのは、こうした洞察を、初見で、あやまたずおこなっているからだが、シラが稲霊、産屋を指し、誕生や再生と深い関わりがあるというのは、まさに白神《シラカミ》の本質を衝いている。

霜月神楽の生まれ清まわりの場、「シラ山」に言及して、それがハクサンとは別のシラヤマ本来の原初の信仰であることを見抜いているのも、さすがである。

続けて柳田國男は、オシラサマを遊ばせる行事が、三月、九月の十六日、すなわち田の神の降り昇りという日におこなわれるのに着目して、オシラサマの作神的な性格に言及、それはシラヤマ様と呼ばれていたと指摘する。すなわち、南西諸島のシラ＝稲霊・産霊が、遠くみちのくのシラ＝白とも結ばれることを示唆したうえで、次のように述べたのである。

そこで立ち戻つてもう一度、何故に琉球列島の一部に、稲の蔵置場と人間の産屋とを、共にシラと呼ぶ言葉が、残り伝はつて居るのかを考へて見たい。容易には国語の先生の同意を得られぬ一説と思ふが、自分などは是をDR二つの子音の通融、と言はうよりも寧ろダ行が曾てはもつとラ行に近かつた時代の名残では無いかと思つて居る。一つの類例は太陽をテダ、是は照るものといふより他の解は有り得ない。沖縄ではすべての行為の主体を、A母音一つを以て表示する習はしがある故に、生むもの又は育つものを、シダ即ちシラと謂つて通じたのかと思ふ。育つ・育つるという日本語の方は、夙く展開を停止したやうであるが、西南諸島のスダテイン（育つる）等は、別に原形のシデイン・シデイルンがあつて、人の生れることから卵のかへることまでを意味し、スデミヅは産井の水、スデガフーは大いなる喜悦の辞、更に此世の衆生をスヂャといふ語も元はあつた。旧日本の方でも、方言にはまだ幾つもの痕跡があとづけ得られる。たとへば育てるといふ代りに、大きくするといふ意味のシトネル、又は成長するといふ意味のシトナルなどは、人を動詞にしたやうにも考へられて居たが、実際はこの南方のスデルと同系の語らしい。それよりも更にはつきりとして居るのは、種子をスヂといふ語であつて、タネは沖縄の方にもあるが、別にやゝ変つた方面に用ゐられて居る。信越二国を流れる信濃川の水系では、翌年の種子に供すべき種籾をスヂと謂ひ、乃ち其スヂ俵を中心とした正月の色々の祭儀がある。遠く離れた肥前西彼杵の半島でも、稲の種実のみは特にスヂとよんで居る。この種神の信仰と、人間の血筋家筋の考へ方とは、多分は併行し、且つ互ひに助け合つて、この稲作民族の間にも成長して来たことは、所謂新嘗儀礼の民間の例からでも、証明し得られると私は信じて居る。

ここには、前半で一つ、後半で一つ、重要な指摘がある。前半ではシラがシダに音変化して、スダツ＝育つが導かれたと言い、後半ではそのスダツから血筋家筋の考え方に発展するスジが派生したと言っているのだが、「容易には国語の先生の同意は得られぬ一説と思ふ」と謙遜しているものの、その後専門家からの有力な反論を聞かないところを見ると、否定はされていないらしい。

もっとも、柳田がここで種籾にのみこだわっていることについては、谷川健一氏が疑問を呈していた。氏が重視するのは、いわゆる初穂儀礼の方だからである。南島の初穂儀礼であるシイクマでは、稲の穂ばらみ期にあたって、外来魂である稲魂を招きよせるべく物忌みをするが、シイはセジ＝スジと同系の語で、マナと同義の霊力だし、クマはクマルン（籠る）だから、シイクマで稲魂を稲に籠らせる意味になる。ところが、人間の誕生にも比せられるシラ（稲積）に、本土はむろんのこと、南島でもその初穂儀礼がともなわないのは、甚だ不審だと表明したのであった（『大嘗祭の成立』ほか）。

これは、穀霊信仰について初めて大掛かりに論じたフレイザーの『金枝篇』が、初穂儀礼を重視しているのと照らしても、まことに鋭い反論と言うべきであろう。したがって、もしもここで柳田が共にシラと呼ばれる稲積と稲魂とを混同していたとするなら、彼が稲作を根幹にする常民の生活を自らが開拓した民俗学の中心に据えていただけに、重大な錯誤と批判されなくてはならないが、私は柳田がここで述べているのは種籾に籠る稲の産霊のことで、初穂に籠めるそれとは区別していたと考えるので、矛盾は感じない。というより、初穂に籠った産霊が、収穫されるまでになった種籾に、十分成長して内在していると考えた方が無理がない。おそらく柳田は、フレイザーが膨大な資料を駆使して、穀霊が毎年冬至の頃に死にやがて復活する例を示したのを、わが国の稲作儀礼にあてはめようとして、収穫後の稲積と種籾に注目したのではなかったか。

ククリとムスビ

続いては、白山信仰と折口信夫との関わりについてである。じつは、柳田以上に、私は原白山《ハクサン》神としてのシラヤマ神の性格に踏み込むのに、折口の論考が欠かせなかった。それを今一つ一つ述べる余裕はないが、たとえば聖水信仰のもとに水の呪術を施し、人の誕生や蘇生を司る「水の女」がそうだ。

烏羽玉のわが黒髪は白川のみつはくむまで老いにけるかな（『大和物語』）

「水は汲む」が「みつは汲む」と掛詞になっていることに着目して、白川（熊本県）の水を汲むこの白髪の女（檜垣ノ嫗）は「みつはのめ」、つまり、渡渉地点で呪術をおこなっていた「水の女」の零落した姿であるとする折口は、古代ではこの「水の女」は、水辺に設けられた棚で機を織りながら、神の来臨に備えて忌籠りした「神の嫁」にほかならなかったと唱えた（『水の女』）が、私に言わせるとじつは、これすなわち、白山の主神である菊理媛なのである。

そのわけは、先に紹介した『日本書紀』神代巻第五段一書の十で黄泉の国でウジのたかっている自分の身体を見られて激怒したイザナミが夫のイザナギを追いかけて千引きの岩までできて岩をはさんで問答をかわしたあと、「是の時に、菊理媛亦た白す事有り」と、一行だけ謎のような言葉が記されていることに関して、折口が、菊理媛が何と言ったか書かれていないのは文章の脱落で、次はアハギガハラでのイザナギのミソギの場面に続くので、菊理（キクリ）はククリ（潜り）を意味して、死のケガレを祓うために呪言が必要とされたのであろうと述べた（『山の霜月舞』）ことに関わる。

折口のこのキクリ＝ククリ説が面白いのは、菊理媛が水と縁がある理由を深いところから照らし出すだけではなくて、後年の茅の輪クグリがまさにミソギ・ハライの神事だからである。ちなみに、私はここからさらに、『万葉集』三二四二の長歌に詠われた美濃国八十一隣《ククリ》の宮に住まうまされてしまった」（「景行紀」で天皇の求婚を拒んだ弟媛《おひめ》）も菊理媛ではなかったかと考えこまされてしまったし――付近には今も、白山神社や白山古墳がある！――、なお一段と飛躍して、国枝史郎著『神州纐纈城』が描く、生き血をククリ染めにした経帷子《きょうかたびら》を羽織る強盗団の首領が重篤の奔馬性癩にかかって、崩れる全身を白布に包んで本栖湖の湖底の水城に横たわっている光景にまで連想が伸びて、妖しい戦慄を覚えたほどだ。

おまけに、このククリをやはり折口の言うムスビの一種と考えれば、モガリの場での鎮魂儀礼、タマフリにも通じる。つまり、黄泉の国とこの世との境にいて、菊理媛はイザナギに外来魂を付着させる蘇生術をおこなっていたのだとも、理解できるのである。

他方、折口が二度目の南島調査で、沖縄では蛇や蝶が脱皮し、蟹が甲羅を脱ぐのを、「すでる」と呼んでいることに注目して、およそ次のような見解に達したことからも、私は大きな示唆を得た。

――すでるは母胎を経ない誕生であった。あるいは、死からの誕生（復活）とも言えよう。しぢ水（若水）を浴びるのは、すでることのない人間が、これによってすでる力を享けようとするのである。すでるという語には、前提としてある期間の休息を伴っている。他界の生を受けるために、赫耶姫《かくやひめ》は竹の節間に籠っていた。この籠っている、異形身を受ける間の生活の記憶が人間の「こもり」「いみ」になった。古代信仰では死は穢れではなかった。死は死でなく、生のための静止期間であった。（『若水の話』の要約）

なんという深い洞察であり、古代人の思想であることか。私はこれこそが、大地に根を下ろした民俗の想像力というものであろうと感心するばかりだが、こう考えて初めて、白山の女神が蛇体で水辺の洞窟に籠っていたわけも、了解できるのである。

沖縄と並んで、折口がもっとも熱心に調査したのは、奥三河の花祭りであった。なかに「白山《シラヤマ》行事」と呼ばれる擬死再生の儀礼があって、壁に青柴を束ねて葺き囲い、床には白色の木綿を敷いた方形の建物を、シラヤマといった。数え六十一歳の本卦還り（還暦）の男女や恢復の見込みのない重病人が、無明の橋を渡ってこのシラヤマに入ると、そこは他界、死の世界である。一晩中籠った明け方、突如マサカリを持った鬼たちが現れて、シラヤマを破壊する。そうすると、中にいた人たちは「生まれ清まる」のであった。

すなわち、このシラヤマが、ズバリ白山信仰の白山《シラヤマ》であったわけは、行事の前に村の北西に位置する近くの白山《シラヤマ》（標高六五〇メートル）にお参りするならわしだったことが証明する。つまり、原初のシラヤマ神が死をリセットして、この世に生まれ変わることを促す神だったことが、これで裏づけられたのである。そして、折口が偉大なのは、これを大嘗祭における天皇の即位儀礼と結びつけたことで、秘儀中の秘儀とされた「真床襲衾《まどこおぶすま》」行事の宗教的な意味を明らかにしたのが、『大嘗祭の本義』だった。

柳田はシラ→シダ→スデルから、種籾を意味するスジが導かれたと推論して、これを家筋血筋のスジと直結させて日本人の祖霊崇拝に繋げたことから、折口との見解の対立が決定的になった。周知のように、折口の場合は、同じ産霊を取り上げても、スジはセジ（霊力）で外来魂を意味したから、皇室の祖先神とは切り離して考えている。替わって重視したのが、タカミムスビ・カミムスビなどの、いわゆるムスビの神であって、戦後、天皇非即神論を主張するにあたって、極端にこれを重視したことは、よく知られている。

つまり、私が何を言いたいかといえば、シラヤマ神の性格を考える場合に、そのセジ高さ、ククリとムスビの機能、他界性、マレビト性は、柳田説では解けず、折口説に軍配をあげるのが正しいということだ。死と豊饒という正反対の性質を併せ持つイザナミが、ある時から菊理媛に替わったのは、冥界の女神であることに加えて、水の女神としての性格が強調されたからで、仏教流入後、十一面観音信仰と結びついたのも、その飛び切り高い招福除災性・託宣性のゆえであった。東大寺二月堂の「お水取り」は、十一面悔過会が正式名称で、取りも直さず白山信仰の復活儀礼にほかならず、比叡山の一角に白山神がその名も客神社として勧請されたのは、それだけ遊行性が高く、マレビト神であった証拠である。されば、磯良《しら》神《かみ》、オシラカミ、百神、白比丘尼等々は、すべてシラカミ、シラヤマ神の分岐で、白山神と同じでシラに白という漢字を宛てた結果に過ぎないことが判明する。

折口信夫は隠れ白山信徒か

柳田國男の主宰する「郷土研究」に投稿して、折口が柳田に認められるきっかけになった『三郷巷談』には、生家付近の賤民部落に関する報告が、いくつかあった。私が残念でならないのは、新全集でも収録していない文章があることで、おそらくは今日の人権意識に照らすと不適切な表現があるのをはばかってのことと思われるが、それはともかくとして、被差別民に注いだ折口の眼差しが半端なものでなかったのは確かである。

私は被差別の民は、もともと神と交信する能力に恵まれた、特別の人たちだったと思っている。神社の祭礼を先導してケガレを祓い、祭場を清める仕事をまかされたのは、その能力が畏敬されたからだ。けれども、神輿の先を歩いて犬猫の死骸を片付けるなど、もっぱら汚物を吸引する役としかみなされなくなったとき、キヨメは聖から賤へと転落して、身分が固定した。それは、聖なる稲霊・産霊を意味したシラが、白の字を宛てられたのを契機に、白不浄などと呼ばれて、賤へ転落したのと正確に対応する。

なぜそうした逆転が起きるかと言えば、聖と賤は日常性を逸脱したものとして、もともと一体だからである。聖痕《スティグマ》と呼ばれるものが、そうだ。聖者であることの印が、同時に奴隷や罪人の肉体に焼き鏝で捺された印をも意味したのはなぜかと、問うてみればいい。望ましいものであれ、望ましからざるものであれ、ある人物なり集団なりが、その異常性、傑出性のゆえに聖痕を見出されるとき、見出された者は見出した者によって、嫌でも差別化＝聖別化の道を歩まされる。

東国の被差別部落の多くが白山神社を鎮守にしているのは、一つにはそれが花祭りにおけるシラヤマの発展した姿であるからだろうが、私は前著『白の民俗学へ』で、白山の御師が信者に配る牛王《ごおう》宝印の札に捺す印肉に混ぜる牛王（牛黄）は、屍牛から取り出した病気で肥大化した胆石を用いたので、自然、被差別部落との交渉が密になって、教線が伸びたのだろうとの私案を提出した。

それにしても、とりわけ大切なのは白山神に祈らないではいられなかった被差別の民の切羽詰まった気持である。彼らは命あるものを屠り、死体を埋葬するなど、死穢に触れることを代々生業にしてきた人たちで、それ以外に生きる選択肢はなかった。絶対に逃れられない運命のなかで、少しでも心の平安を得ようと思えば、今生であろうが来世であろうが、ケガレを浄化し、再生を促してくれる神にすがるよりほかにないではないか。

謹厳で冷徹、おのれを持することに卓越した柳田に比べると、折口の本性はごろつきに等しい。大阪商人のよどんだ血に、無頼な遊民の気質が混じっている。ペンネームの釈迢空の釈は、この世での死者を意味した。顔の青痣は生涯消すことのできない聖痕で、同性愛に苦しみ、生涯独身を貫いた彼は、早くから「母胎を経ない誕生」を希求していた。そのたぐいまれな論考や創作を、不幸な生い立ちに還元して矮小化するつもりはまったくないが、彼がどこで行き倒れてもいい旅人の一人となって、「ほう」と息をつき、遠い空と海のあわいに視線を投げて、妣《はは》が国へ、常世の国へと思いを凝らしたのは、やはり格別なことだったと思わざるをえない。『愛護の若』『信田妻』『身毒丸《しんとく》』『小栗判官』など、被差別の民が伝承した説経節に対する思い入れが、いささか常軌を逸していて、貴種と被差別が背中合わせになったその流離の相に注ぐ眼差しが熱くて険しいのも、そのことと無縁ではないだろう。

折口信夫の古代研究の大きな特徴は、言うまでもなく発生を重視したことである。したがって、日本人の信仰心を追求するにあたっても、仏教・陰陽道・儒教が流入して、その影響下に大きく変容した歴史時代の神道や、密教と習合した山岳修験、つまり、今日いわゆる白山信仰と言われているものについての関心は表向き低く、全集の索引を見ても、ごくわずかなのはうなずける。

けれども、原初のシラヤマ神の性格が、さまざまな歴史的段階で、姿を変えて繰り返し発生する、その総体を白山信仰と考えれば、折口の洞察はこの白山信仰の謎をより深いところから照らしだしてくれるよすがとなるのである。

そういえば、『死者の書』には、泉鏡花の『高野聖』以上に、水のイメージが横溢し、白のエロスとタナトスが重く漂っていた。これを、ただちに鏡花と同じ白山信仰の信条告白と見るのは、さすがに躊躇されるものの、もうあと一歩という気はする。いや、ひょっとして、折口は隠れ白山信徒だったのではないかという可能性すら、私は捨て切れないでいるのである。

第6章　白山信仰と中世北陸の宗教風土

父祖の地との由縁

私が生まれたのは福井県の山奥、現勝山市村岡町の農家である。太平洋戦争も末期の昭和十九年十月だった。東京で勤めをもっていた父親の生家で、当時父は出征中であったが、東京に生まれ育って地方に縁者のいない母は、疎開するにも手蔓がなくて、四歳になる長男とお腹のなかにいた私、おまけに老母や同じく妊娠中の妹も込みで、転がりこんだ塩梅だった。

今年（平成二十年）九十四歳になる母は、当時体験したことを、『あの頃』という小説に書いている。作品に書かれているところから想像して、生家の当主であった父の兄は、きつい性格の人であったようだ。内地勤務の夫からたまに便りがきても、「他人に命令されたような文章」しか書いていないのに、一度だけ面会に来てくれと言ってきたことがあった。けれども、義兄は

平泉寺白山神社拝殿
（同『白山神社史』より）

「死を決して出征しながら、何を甘いことを」と言って許さなかった。以下、「半人前の仕事も出来んに、食い物だけは一人前や」と、陰口を叩かれながら、気兼ねしいしいの生活に耐えるさまが綿々と綴られてゆく。当時疎開者の誰もが味わった屈辱と悲哀だが、今の私からすれば、そうでなくても大家族だったのに、いきなり四人（プラス二人）を養う破目に陥った当主のほうに同情せざるをえない。

ただ、そうしたなかで私が生まれ、翌春、長男を栄養失調から死なせてしまったことは、母にとって忘れようにも忘れられない悲嘆だったに相違なく、そのあたりを書いた文章はさすがに生々しい。そして、まもなく敗戦。父は新潟港港湾警備隊所属の海軍二等兵で、機雷の掃海作業中に敵機の機銃掃射に遭ったりしたが九死に一生を得て帰還、私たち一家は、同年秋東京へ引き揚げた。ついでに言うと、両親は若いころ、武者小路実篤の「新しき村」に共鳴して、村外会員になり、演劇や創作のグループ仲間として知りあって結婚している。十年前に他界した父は、最晩年、今でいう重度の認知症を病んだ。あるとき、家から姿が見えなくなって、夜遅く未だに行方が分からないと私の勤務先に電話がきて、心配しながら終電近い電車を降り、最寄り駅の改札口を出ると、構内の柱にもたれて蹲っている老人がいて、それが父だった。「なんだ今頃、どうしてこんなところにいるの」と、声をかけると、父ははっとなって立ち上がり、右手で挙手して最敬礼する。眼の光が異様で、正気でないのは確かだった。家に送る道々、わけを尋ねたが、どうやら本人は、その日上官を駅に出迎える任務を帯びて、昼間から待ちぼうけを食わされていたということらしく、ふだんは戦中の体験などめったに口にしなかったのに、井伏鱒二の『遥拝隊長』ではないが、軍務の後遺症がかくも根深いことに、ぞっとさせられたものだ。

であるからして、この私には生家の記憶といっても、小学生時代に、あの働き者で何ごとにもよく気の廻る当主が、庭の杉の樹に登って邪魔な小枝を払っているときに、過って足を滑らせて墜落死した、その葬式に連れて行かれた覚えぐらいしかない（そのとき、上を見ながら庭を歩いていて、巨大な青大将を踏みつけて、瞬間、髪の毛が逆立ち、それが比喩ではないと知ったことは、前に書いたことがある）。

そして、はや二十年以上も前になるが、「白山の会」を結成するきっかけになった白山三馬場めぐりで、近くの平泉寺白山神社から白峰に向かう途中、ついでだからと仲間といったん別れて生家を訪問、そのあとさらに長男の結婚を機に東京へ出てきていた叔母が夏のあいだだけ避暑をかねて一人暮らしをしていた現北谷町木根橋の家にも立ち寄って、右のような事情とはいえ、白山信仰の本場ともいうべきこの土地で生を享けたことに、不思議な由縁を感じたのであった。

このときの道草で印象に残ったことは、三つある。一つは、生家も叔母の家も、真宗王国北陸の名に恥じず、仏壇がびっくりするほど豪華だったことだ。つまり、このあたりは浄土真宗の金城湯池で、勝山出身の大阪のさるタクシー会社の社長が私財を投じて、東大寺の大仏より大きいという越前大仏を造らせたごとく、その伝統は今に続いているのである。二つは、にもかかわらず、どちらの家でも、仏壇のそばの鴨居には白山神社のお札が当然のように掲げられていて、すぐ近くに村の鎮守の白山神社があったこと。三つは木根橋の叔母の家の庭では、居間の縁側のすぐそばに、南洋で戦死した夫の大きな墓石が建てられ、熱心な真宗門徒である叔母の口ぶりから、内心白山神社の存在を迷惑がっているようでもあるのが、察せられたことであった。
庭に自家の墓があるのは、死穢を忌む風習からいうと解せないが、山奥の当地では珍しくないとのこと。両墓制における詣り墓のようなものであろうか。また、浄土真宗は一向宗と言われるぐらいで、仏教の他宗派とは相いれず、まして神祇信仰や山岳信仰とは無縁のはずだから、叔母の態度がよそよそしいのは分からなくもないのだ。が、それなら、いまだに両者が平然と同居しているのは、なぜなのか。そのときは、たんにそう疑問に思っただけで過ぎてしまったのだけれど、その後白山信仰の謎をめぐって私なりにいろいろ調べてゆくなかで、生家の目の前の村岡《むろこ》山が平泉寺白山神社を焼き討ちにした一向一揆側の砦だったこと、勝山の地名はそのときの勝利にちなんで付けられたことなどを知るに及んで、両者の入り組んだ関係に、わけが分からなくなってしまったのである。

焼き討ちの一点だけから見れば、白山信仰と浄土真宗は、共に天を戴かざる激しい敵対関係にあったことは明らかだ。けれど、そのとき全滅に近かった北陸各地の白山社は、江戸時代に入って、幕府の宗教顧問の天海上人が天台宗の僧侶だったことから、彼のとりなしで息を吹き返したから、両者の同居はその後の姿を伝えているとも考えられる。だが、たとえそうであったにしても、一向一揆当時、それに参加した当事者である民衆、つまり真宗が席巻する以前はおそらく敬虔な白山信徒だったはずのわが先祖が、真宗に取り込まれて一揆側に加勢するのに葛藤はなかったのか。そして、日本では珍しいこの大宗教戦争のさなか、白山信仰勢はいかなる動きをし、どのようにして信仰を護ってきたのか。ひょっとして、隠れキリシタンや、隠れ念仏に近いようなことが、その前後にありはしなかったか。突飛なようだけれど、以上述べたような理由で、以前から疑問に思っていたことを追跡してみたくなったのである。

道元の永平寺開山

と言ってはみたものの、じつはまったくの準備不足で、何ほどのことも書けそうにない。現にいま手元にある一向一揆関係の資料としては、本願寺側のそれは唸るほどあるのに、白山神社側のものといっては『白山宮荘厳講中記録』ぐらい。どちらも戦争に直接参加した民衆の立場で書かれたものではないから、どこかそらぞらしいし、中立に近い『朝倉始末記』や『官地論』も戦闘場面が中心で、私の疑問には答えてくれない。戦後の研究にエポックを画した、笠原一男、井上鋭夫の両大著（題名は共に『一向一揆の研究』）は、さすがに宗教方面の問題も扱っているが、社会経済史的な考察が主だから、信仰上の葛藤にまではさして及んでいない。

そこで、いささかまわり道になるが、本章ではとりあえず白山信仰との関連を中心に中世北陸の特異な宗教風土を概観するなかで、なにゆえ道元や時宗二祖他阿真教や本願寺の蓮如が、越前の地を最重要の布教の拠点にしたのか、なかんずく最後発の浄土真宗が、にもかかわらず、他宗派を圧倒してあれほど浸透しえたのはなぜなのか、その場合、白山信仰とはいかなる関わりかたをしたかを考えてみたい。つまり、一向一揆勃発に至る前史である。

泰澄を開山とする白山信仰の成立とその展開については、おおむね前著で述べてしまったので、ここでは省略する。天安二年（八五八）、比叡山の守護神の一つとして勧請されて以後、白山社は延暦寺の庇護下、地域権門社寺として隆盛を誇った。『今昔物語集』に材を得た芥川龍之介の『芋粥』は、鼻の長い藤原利仁を、朝廷では風采の上がらぬ人物としてからかっているが、本拠地の越前敦賀では「将軍」の名で呼ばれた新興の有力武士で、一族の斎藤氏からは平泉寺白山神社の長吏を輩出した。安元二年（一一七六）、国司藤原師高、目代師経兄弟の横暴を怒った衆徒が叡山の衆徒と共に神輿を京に繰りだし、両者の罷免を強訴して、たちまちクビにしてしまったあたりが頂点で、鎌倉幕府が成立するころともなると、主要な経済的基盤だった荘園が衰微して、国人層が擡頭、それまでとは様相が一変する。鎌倉新仏教の成立や、南北朝期の政治的混迷、応仁の乱による荒廃は、それに追いうちをかけた。

道元の永平寺開山は、寛元四年（一二四六）六月。永平寺の名は、京都深草の道場に対する延暦寺の圧迫が激化、帰依者の波多野義重のすすめで、同二年、彼が地頭を務める越前志比荘に移って建立した大仏寺の改称である。叡山の迫害を逃れるのに、わざわざその末寺に等しい平泉寺白山神社の膝下近くに拠点を移すのは、一見合点がゆかないが、道元及び道元が開いた曹洞宗と白山信仰の結びつきは、意外にも深い。「一夜碧巌」で知られる『碧巌録』は、彼が中国から日本へ帰国する前日、自らの手で写したとされるが、このとき白山妙理権現があらわれて助筆したと伝えられ、永平寺の境内に湧く「白山水」は霊水として崇められている。白山の山開きに際しては今も永平寺僧の登拝が常だし、雲水が諸国を廻り歩くのに、「竜天護法大善神、白山妙理大権現」と書かれたお札の携行が義務づけられてもいる。

「佛道をならふといふは自己をならふ也。自己をならふといふは自己をわするゝ也。自己をわする丶といふは萬法に證せらる丶也。萬法に證せらる丶といふは、自己の心身、および他己の心身をして脱落せしむる也」（『正法眼蔵』第一「現成公案」）というように、「只管打座《しかんたざ》」と「心身脱落《しんしんとつらく》」による徹底した自力救済を追求する道元のおこないは、伽藍から追放され、山中で修行した奈良時代の私度僧、すなわち白山信仰の開祖とされる泰澄に通じよう。

私は平成二十年四月十九日、石川県小松市那谷《なた》町の那谷寺（泰澄開山、白山中宮三カ寺の一）で開かれた白山信仰をめぐるシンポジウム——主催は自然と生きる環境生命文明研究会。梅原猛氏による基調講演のあと、那谷寺住職木崎馨山氏、加賀白山比咩神社宮司の山崎宗弘氏、環境考古学者で国際日本文化研究センター教授の安田喜憲氏、小生の四名でパネル・ディスカッションをおこなった——に参加したが、そのとき木崎住職は、泰澄が行基らと共に芳野（吉野）山中の比蘇寺で渡来僧の神叡より虚空蔵求聞持法によって得られる「自然智」の教え——自然界を師として宇宙の真理を会得する——を学んだ（『本朝神仙伝』四）ことを重視して、一向一揆以来寺院化してしまった那谷寺に白山信仰の真髄をよみがえらせるべく、白山を間近に望む円行山生雲の山中で自らもその実践を試みていると話してくれた。

すなわち、鎌倉時代の後期にあって、延暦寺をはじめとする畿内の寺社がおおむねは堕落し、俗化してゆくなかで、北陸の地は白山を擁していまだ峻厳な宗教的霊気を損なっていなかった。されぱこそ、そのわりには都に近い越前を、道元が彼の信仰の再出発の地として選んだのは、じゅうぶんにうなずけるのである。

が、その道元もやがて北陸の冬の厳しい気候から病に倒れ、後事を懐奘らに託して山を下り、京に到着してまもなく五十四歳を一期に入滅する。とたんに永平寺はその経営をめぐって重大な危機に直面し、三代にわたる相論で動揺した。教団の内部分裂を食い止め、荒廃に瀕した永平寺を立て直して、中興の祖と呼ばれたのが義雲で、以後法灯は着実に受け継がれてゆく。当初の道元の純粋禅とは違って密教に接近した結果、堂塔伽藍が整備され、白山信仰とはいっそう親和性を増した。現在、私の住まう都内杉並区成田東の町内には、江戸時代に地元の白山神社の別当寺だった曹洞宗の白龍山宝昌寺（文禄三年、一五九四年創建と伝えられる）があって、何代か前の住職は、後に永平寺の管長に就任したと聞いたことがあるから、その伝統は今も受けつがれている。

那谷寺でのシンポジウムに参加して

道元に続いて中世北陸に教線を伸ばしたのは、時宗である。この時宗は、直接・間接に、白山信仰とは以後も妙に関係があって、興味深いのだが、そのことを述べる前に少し後戻りして、さきほど触れたシンポジウムでのことを報告しておこう。私が招きに応じたのは、明治維新後の政策で無理矢理分離させられてしまったものの、かつては同じ白山信仰を奉じていた寺の住職が、本山の宮司と同席するのを寿ぎたい気持があったのと、会場になる那谷寺は以前からぜひ訪ねてみたいと思っていたのに、近くを通り過ぎるばかりで、これまでその機会がなかったからだ。

当日は朝一番の飛行機で小松空港に着き、那谷寺には早目に入って、広大な境内を散策した。丈六の十一面千手観音像を安置する金堂の前は、折からしだれ桜が満開で、参拝客で賑わっていた。松尾芭蕉が『おくのほそ道』で「石山の石より白し秋の風」と詠んだ岩山には奇岩が聳え、白山の方角を向いて本堂が建てられている。おまけに、岩山の中は胎内くぐりをする洞窟だったから、泰澄開山の謂われに背かず、まさしく白山信仰を体現している。寺の境内に若宮稲荷神社が鎮座していたのも、この寺の複雑な歴史的性格をあらわしている。

控え室に戻ると、加賀白山比咩神社の山崎宮司が到着していた。こちらから挨拶すると、開口一番、氏は拙著を読んで、白山信仰ではミソギによるよみがえりがいかに大切かを改めて教えられたので、創祀二一〇〇年を記念して、本年中に境内にミソギ場を作ることにしたと告げられたのは、面映いことであった。國學院大学で折口信夫に学び、戦時中は特攻兵を志願、戦後長く地元能登の小さな白山神社の神主をしていたとのこと、今冬の寒さで肺炎を起こし、片肺のため一時は危篤状態だったそうで、酸素ボンベをつけての参加に、並々ならぬ意欲が感じられた。

会場は金堂横手の普門閣。白山麓の庄屋の家屋を譲り受けたとのことで、その先祖は親鸞の遍歴に従ったあと大日山の麓に道場を開き、雄大な欅造りは永平寺再建にあたった棟梁が弘化三年(一八四六)、四年がかりで完成したというから、ここにも北陸ならではの信仰風土が反映されている。

入口付近で、「白山の会」の女性会員福田(旧姓白山)景さん夫妻と、昨秋生まれたばかりの長男耕平君に出くわした。彼女が結婚を機に東京から地元野々市に引き揚げて以来の再会である。あとで、畑で収穫したばかりのアスパラガスを土産にもらったが、美味だったことは言うまでもない。

あいにくの強風で列車が遅れ、定刻をだいぶ過ぎてから関西の講師陣が着いた。司会は歌人の道浦母都子氏で、すぐに梅原猛氏の講演が始まった。氏とも以前、編集者時代に、有明海の埋立地視察に同行して以来の対面である。梅原氏は泰澄こそ日本思想の根本である神仏習合を確立させた立役者で、行基も空海も彼を継いでいる。正史に名前が見当たらないのは、光明皇后とのスキャンダルを隠すためだったろうと、大胆な推測を述べ、日本宗教史上白山信仰がいかに重要かを力説した。北陸の各地で泰澄作と伝えられる異相をした白木の影像は真作の可能性が高いとし、後世の円空仏はそれを継承するものだと断言したのも、氏らしい視角であった。

入れ違いで駆けつけたのが、地元石川県選出の衆議院議員森喜朗元首相。アフリカの食糧難に言及して、地球環境の危機を訴え、「森を大切にしましょう」と、自分の顔を指差しながら話を締めくくったのは、ご愛嬌であった。

討論に入って、私は白山信仰にはさまざまな興味深い謎があることを言い、本章のテーマである一向一揆との関係にも注意する必要があること等を指摘したが、国際日本文化研究センター教授の安田喜憲氏が立山山頂のミクリガ池周辺の年縞堆積物を分析した結果、縄文・弥生時代にはなかった有機リン（人糞に含まれる）が四世紀の土壌から発見され、千五百年前からは連続して検出されることから、立山に人が入ったのは四世紀、立山信仰の開始は五五八年と推定、史料より四世紀さかのぼる可能性があると述べたことをめぐっては、議論が沸騰した。つまり、もしもこれをうべなうなら、同信仰の祖型である白山信仰の開始はさらにさかのぼるわけで、泰澄による養老元年（七一七）開山説はその後に作為されたものであることが、いよいよはっきりするのだ。

私はこの発言を受けて、長江文明を築いた稲作民が北からの漢民族の侵入に遭い、一部は雲南へ、一部は華南へと逃亡したと氏が著書で述べていたことを持ち出し、彼らが日本列島に渡来した可能性を質して、長江の越族《えつ》が現ベトナムで越南国を作ったように、北陸で越《こし》の国を作ったとは考えられないかと、その場の思いつきを言った。すると、意外なことに、安田氏はわが意を得たりというふうににこやかにうなずいて、彼らが北陸にやって来たのは特産の翡翠に目をつけたからだろうと答え、私の勝手な推測を否定しなかった。――しかし、自分から言っておいて何だが、いくらなんでも、これでは話がうま過ぎるし、第一、時代が合わない。ただ、白山神の客神、つまり渡来の神としての性格や各地に残る徐福伝説などを思い合わせると、安田説は仮説としては捨てがたいので、今後はもっと詰めて考えてみたい。

時宗二祖他阿真教の越前遊行

さて、道元とほぼ同時代、鎌倉新仏教のしんがりに登場したのが、一遍である。自力本願の道元とは対照的に、彼は法然・親鸞が開拓した他力本願を、「信・不信をえらばず」「浄・不浄をきらはず」に庶衆に及ぼして、「となふれば仏もわれもなかりけり南無阿弥陀仏なむあみだ仏」(『偈頌和歌』)という究極の浄土信仰を立ち上げた。一所不住を貫いた彼の遺言は、「わが屍は野にすてゝけだものにほどこすべし」。だが、「我化導は一期ばかりぞ」と固く言い置いてあったのにもかかわらず、一番弟子の真教は師の教えを広めるべく、時宗の開祖となって、二世他阿を名乗った。その彼が、師の没した翌年の正応三年（一二九〇）、初の布教地として越前を選んだのは、なぜだったろうか。

『一遍聖絵』を見ると、一遍の遊行地は蝦夷地と陸奥を除くほぼ全国に及んでいるが、なぜか空白なのが、日本海側の出羽と北陸四国（越前・越中・加賀・能登）であった。対して、他阿が賦算したのは、越前から始めて、加賀、越中、越後と、前半は北陸に集中している。続いて信濃、甲斐、相模、上野、武蔵、下総と巡錫して東国に厚く——白山神を鎮守とする被差別部落地と重なる。これは、いつか改めて考えてみたい重要テーマの一つだ（第8章参照）——、最後は伊勢、近江、摂津の順で廻国して、晩年は相模国当麻に無量光寺を建てて止住した。一遍の遊行で畿内・西国と東国を結ぶキイ・ポイントは近江と信濃善光寺を上り下りする善光寺信仰圏の道で、このとき常に師の一遍に随順していた彼は、何度もここを往復して住民の教化に努め、それに成功している。ところが、善光寺と畿内を結ぶもう一つの重要な経由地、つまり同じ善光寺信仰圏に属する北陸が未開拓だったわけだから、ここに目をつけて教線を伸ばそうとした慧眼は、さすがである。

一説に他阿が越前から布教を始めたのは、『一遍上人絵詞伝』（『聖絵』と違い、こちらには彼の行状も記されている）を作成した弟子の淡河宗俊の一族が、越前牛ケ原の領主だったので、その縁故を辿ったのだろうとも言われているが、越前国府（武生）の惣社から始めて、善光寺信仰の線に沿って北上してゆくと、はたして、彼が賦算巡錫した地はみるみる時宗に染まって、沿道にはやがて多くの時宗道場ができた。驚くべきは、前述の永平寺のごく近くや、北部の坂井郡

（現あわら市、坂井市など）にも分け入っていることで、後者現丸岡町長崎に現存する時宗寺院往生院称念寺は、養老五年三月、泰澄が開山したのに始まるというから、白山社から転位した可能性がある。

すなわち、蓮如が進出する以前から、すでに越前は他宗の絶好の草刈場になっていたわけで、このことは山一つ越えたお隣の飛驒が、当時は依然空白地だったのに比べて、顕著な違いである。これには、北陸が日本海に開かれ、海上交通を利用して出羽や山陰へも教線を伸ばしうる立地に恵まれていたことも預かっていよう。中世北陸の宗教上の特性が、早くもここにあらわれている。

時宗の信者は一般に時衆と呼ばれる。なかでも熱心な時衆は、武士と下層の民衆であった。武士が信仰した理由は、はっきりしている。というのも、時宗の僧侶は敵味方の別なく武士に従って戦場に赴き、負傷した場合は治療を、死亡した場合は十念を授けて懇ろに供養し、そのあと遺族には勇敢な戦いぶりを語り伝えていたからで、これを陣僧と呼んでいた。

時代は飛んで、『太平記』に越前藤島の灯明寺畷で戦死した新田義貞の遺骸を運ぶ場面があって、「輿に載せ時衆八人にかゝせて、葬礼の為に往生院へ送られ」たと書かれているが、ここに出てくる往生院は、前述の往生院称念寺であった可能性が高い。時宗が宮方とつながりを持つのは、後醍醐天皇の皇子宗良親王が越中高岡に時宗道場の極楽寺を創建したのが初めで、第十二代遊行上人に就任したのは、同天皇の血統を引く尊観。禅宗が武家方に接近したことへの対抗措置であった。

ちなみに、先のシンポジウム会場に向かう途中、小松空港から乗ったタクシーに寄ってもらった「実盛の首洗い池」も、時衆に関係する史跡である。ここは倶利伽羅峠で木曾義仲の軍勢に大敗した平家側が、敵軍を食いとめようとして、またも敗れた篠原の古戦場跡で、当地の老武者斎藤実盛が錦の鎧直垂《よろいひたたれ》に身を飾り、白髪を染めて奮戦し、ついに討ち死にした場所として、謡曲『実盛』に名高い。このとき、実盛の霊を慰めたのが時宗の遊行上人で、じっさい、歴代の上人は加賀を訪れる際には必ずこの実盛塚に寄って供養したというから、こうした伝承は間違いなく時衆が語り伝えたものであったろう。

他方、武士と並ぶもう一方の熱心な時衆は下層の民衆で、『聖絵』が踊り念仏でごった返す画面の片隅に忘れず描きとめている癩者や乞食・非人、あるいは職能者、山の民・川の民など、いわゆる非農業民がそれである。彼らは、のち真宗にも帰依し、白山信仰とも深いつながりがあるから、その動向は注意深く見守らなくてはならない。

その他、有力な時宗支持者として見逃せないのは、越中放生津《ほうしょうづ》の廻船業者本阿に代表される、港や宿を足場に交易に従事する者たちの存在だ。彼らは土地に縛られた農民と違って、西に東に移動して独自のネットワークを形成していたから、結果的に時宗を広める先兵でもあった。こうして、南北朝期から室町前期にかけて確実に増加した彼ら時衆の分布や動向を示す史料に『時衆過去帳』があって、これによって越前における法名を見ると、木崎称念寺を中心とする長崎衆が最も多く、ついで三国湊、金津、越前国府など、水陸交通の要衝に集中していることが注目される。

時衆関係では、このほか近江番場の一向俊聖が始めた宗派が入りこんでいたことも忘れてならないだろう。のちに蓮如は、自分たち本願寺派が他からは一向宗と呼ばれて、この俊聖一派のそれと同一視されることを神経質なまでに嫌った。

或は馬衣をきて、衣の裳をつけず、念仏する時は頭をふり、肩をゆりておどる事野馬のごとし。さわがしき事、山猿にことならず。男女の根をかくす事なく、食物をつかみくひ、不当をこのむさま、併せて畜生道の業因とみる。

右は旧仏教の側に立つ『天狗草紙』の一節だが、このような非難に対して、一遍が「はねばはね踊らばをどれ春駒ののりの道をばしる人ぞしる」と答えたことは、よく知られている。それでは、こうした時衆の動きに対して、在地の白山信仰側は、どのように対処したであろうか。それを考える手がかりの一つは、砂川博『延慶本平家物語倶利伽羅落の生成』(『平家物語新考』所収)が、他の諸本が倶利伽羅合戦における木曾義仲の勝利は八幡の加護によるものと匂わせているのに対して、こちらは平家方の死骸が落ち重なった倶利伽羅谷に金剣宮の神宝があらわれたと述べて、白山権現の冥加によることを誇示していることから、その語りは白山七社の一つ金剣宮を足溜まりにした白山修験の唱導であったろうと指摘していることだ。

合戦および合戦譚に時衆の参加が欠かせなかったことは、さきに述べた。されば、かかる霊験譚が加賀・越前の白山信仰圏にとどまらず、京都にまで伝播されて延慶本に収録されたについては、白山信仰と結んだ時衆が運搬したと考えるのが自然だろう。

時宗は念仏を専一に唱える教団ではあっても、法然や親鸞の浄土信仰とは異なり、神祇を積極的に崇拝する。現に他阿真教は敦賀の気比大社の参道を整備している。また、真教のあとを受けて三代目遊行上人となった智得は、現金沢市郊外の加賀堅田の生まれだから、幼時から白山信仰の中で成長したと思われ、事実、白山神を教団の守護神として仰いでいた。

してみると、白山信仰と時宗とは、次に述べる真宗とは異なり、より親和性が高いと言えそうだが、二代他阿上人が越前国府の惣社に参詣して信者に賦算した折、平泉寺白山権現の法師や衆徒（いわゆる僧兵）数百人が、社殿を囲んで鬨の声をあげ、雨あられのごとく飛礫《つぶて》を放ったことが、『遊行上人縁起絵』に描かれているから、このときは時宗の進出を不快に思っていたわけで、そのあたりはなかなか微妙である。

真宗高田派と三門徒教団の「秘事法門」

道元、他阿の後を受けて、いちばん最後に越前に上陸したのが、浄土真宗である。これについては、蓮如による吉崎道場の開設ばかりが強調されるが、じつはそれ以前から、伏線が張られていた。それも、本願寺派から見れば、異分子による進出が先だったから、ややこしい。

地獄は一定すみかぞかし――「愚禿」の自覚に徹して極限まで深めた結果、煩悩具足の徒が救われるには、ただひたすら他力、つまり弥陀の本願に頼むほかはないとする親鸞の教えが、加持祈禱や民衆支配の道具に堕していた旧来の寺院仏教を、根底から突き崩したばかりでなく、自力作善に努める聖《ヒジリ》たちの欺瞞と限界をも突破して、宗教界に衝撃を与え、多くの民衆に光明をもたらしたことは疑えない。しかるに、その親鸞は息子善鸞を異安心《いあんじん》ゆえに義絶するのやむなきに至って東国を去り、晩年は京都で著述に没頭し、弘長二年（一二六二）、九十歳の高齢で没した。

真宗教団の越前布教は、親鸞在世時に始まっており、初期の寺院は足羽郡折立称名寺が近江佐々木氏を、同郡宇坂本向寺が下総大須賀氏を、坂井郡但馬興宗寺が相模北条氏をそれぞれ開基とすると伝えるように、鎌倉の御家人を開基とする山間の寺院が多い。画期とされるのは、鎌倉末に下野高田派の流れをくむ如道が三河から来越して、足羽郡大町に専修寺を開いたことで、のちにその子孫や弟子が越前三門徒派に枝分かれして、勢力を拡げていった。

すなわち、当時真宗といえば、この高田派、三門徒派に、もう一つ名帳や絵系図でもって信者を大量獲得する仏光寺派を加えた三派が主流を占め、これに比べると、本願寺派の勢力は微々たるものに過ぎなかった。如道の高田派や三門徒派について、のちの本願寺側文書『反故裏書』は次のように論難した（原文の片仮名は、読みやすいように平仮名に改めた）。

かの円善の弟子越前国大町の如道と云物あり。田島の興宗寺行如、和田の信性あひともに、覚如上人御在国の中、御勧化を受けられし法徒なり。然に御上洛の後、法流にをきて如道新義を立、秘事法門と云事を骨張せしかば、御門徒の面々かたく糾明をなし、自今已後出言あるべからざるむね起請文をかゝしめ、改悔ありしかども猶やまずして、諸人迷乱ありしかば、申あげられ御門徒をはなされ畢ぬ。然れども邪義をつのる。又横越の道性、鯖屋の如覚、中野坊主此旨をつたへ、今に余残ありて、三門徒おがまずの衆と号する者なり。（中略）然れども、蓮如吉崎御在津の時より、大略心中をあらため、本寺へ帰参せしむ。（中略）これによりて、いよ〳〵当国にをきて、御一流恢弘せり。高珍も此寺にて逝去あり。然といへども、なを三門徒の衆、かの秘事法門執心のやからあり。あさまし〳〵。

文中の覚如上人とは、親鸞の廟所に本願寺を建てて、同派の開祖となった人物。彼が口を極めて非難する「秘事法門」とは、自派の信者にのみその信仰を秘密裡に伝え、唯一この法門こそ最勝のものであると説いて、十劫秘事、知識帰命、不拝秘事、無信称名、一益法門、施物だのみなどを骨子とする、真宗の異安心。つまり、彼らは親鸞に義絶された善鸞の法灯をつぐ急進派で、蓮如もこれら異分子を目の敵にしたことは、文中に書かれているとおりだが、そのことは追って述べる。

対して、細々とではあるが、のちに本願寺派の重要な拠点に成長する寺院も布教を開始している。如道と同じ高田派の門流の和田信性は、その子孫が本願寺派に転じて、和田本覚寺と藤島超勝寺を開いた。そのほか、久末照巌寺、石田西光寺、桂島照護寺など。なかでも、お隣の越中井波別院瑞泉寺は、明徳元年（一三九〇）本願寺五代法主綽如の開山で、周辺地域に真宗を定着させる橋頭堡となった。

井波は五ヶ山・白川郷の山間地帯と砺波平野・日本海とを庄川で結ぶ結節点にある。山間部には杣人、鍛冶、鋳物師《いもじ》、産所（散所）、藤内《とうない》、ささら、番匠ら、いわゆる山の民がいて、のち本願寺末になった。また、ここは商工業に従事する時衆や紺掻《こんか》きに従事する白山神人も多く分布していた土地で、彼らもしだいに真宗に染まっていく。ただし、綽如の子で超勝寺頓円の弟周覚が開いた越前の荒川興行寺では、周覚の二人の娘は時宗の信者となったし、末子の如順は初め平泉寺の両界院に属していたというから、時宗がそうであったように、白山信仰との距離のとり方は微妙である。

ともあれ、北陸は真宗各派にとっても、喉から手が出るほどの魅力的な布教地だったことは間違いなくて、以上、見てきたように、蓮如の吉崎巡錫以前から、すでに布石は打たれていた。

蓮如の吉崎坊進出と本願寺派の席巻

本願寺第八代法主に就任した蓮如は、父親の召使いだった妾腹の子で、六歳のとき母と生別している。不如意な青年期を過ごし、二十八歳で遅い結婚をするも、やがて妻と死別、その後は、次々と結婚と死別とを繰り返す。父存如（本願寺七世）が亡くなったのは、長禄元年（一四五七）。正室の子、弟の応玄があとを継ぐはずのところを、叔父で越中における本願寺派のリーダー、瑞泉寺如乗の推薦を得て第八代を継いで、周囲を驚かせた。時に四十三歳。

以後、近江、摂津、三河と、熱心な布教活動に取り組むが、ために延暦寺衆徒に東山大谷の堂舎を破却され（寛正の法難）、堅田など南近江を転々とする。越前と加賀の国堺で、日本海の入り江（北潟湖）に面した崖上の台地に、吉崎坊を建てて移り住んだのは文明三年（一四七一）、応仁の大乱の末期であった。

吉崎を新たな布教の本拠地に選んだのには、さまざまな理由が考えられるが、海陸ともに交通の要衝で、しかも要害の地であるなど立地に恵まれ、幸運にもそこが彼とは血縁を有し、かねてより親交のあった奈良興福寺大乗院の前門跡経覚の領地だったのは、必要条件に過ぎない。蓮如のねらいは、すでに布教の下地が十分整えられつつあった北陸の地に乗りこんで、一挙に教線を拡大することにあった。そこで、吉崎の荘官だった本願寺末和田本覚寺の蓮光を焚きつけ、越前守護朝倉孝景の了承を取りつけさせて、万全を期したのである。

私はシンポジウムの翌朝――泊まった宿では、養老二年、泰澄が初めて白山に登拝したときに道案内をつとめたという源五郎の二男が開湯した北陸最古の温泉が今も湧いており、四十六代目を名乗る「法師」姓の主人が、挨拶にあらわれた――、旧知の若狭在住の民俗学者金田久璋《ひさあき》さんと彼の知り合いで地元の郷土史家関章人氏と芦原温泉駅で待ち合わせ、関さんの運転する車で、この吉崎御坊跡に向かった。

日曜日とあって沿道は人っ子一人見当たらない。江戸時代の一里塚が残る未舗装のその旧道は、蓮如が何度も往復した道で、じき始まる蓮如忌（四月二十三～二十五日）では御影像を乗せた御輿が通るとのことだった。あまり時間がなかったので、本願寺の東別院と傍らの願慶寺にだけお詣りして、今は畑と化した多家（御坊に参詣する各地の僧侶や信者を泊めた宿坊）跡を横目に、坂道を登って、山上の御坊跡に立った。眼下は北潟湖で、湖に突き出た鹿島の森の先にうっすらと日本海が見える。この景色は、蓮如がいたときとすっかり同じはずである。境内の松林のあいだには、笠と数珠を手にした蓮如上人の銅像（高村光雲作）が、周囲を威圧するように立っていた。

蓮如の布教方法は一風変わっている。一つは、五人の妻から生まれた計二十七人の子女をそれぞれポイントとなる寺院に配して、血族による強固な連携を固めたことで、たとえば、藤島超勝寺を掌握するのに、彼は当時九歳の嫡子を新たな住持に据え、本蓮寺蓮覚の娘をその配偶者とするなど、強引とも思える措置をあえて辞さなかった。誰が考えても、蓮如の子沢山は常識を超えている。並外れた精力もさることながら、教団をまとめるにはそれがもっとも手っ取り早い手段と考えて、ひたすら子作りに励んだのではなかったかと、勘繰りたくなるほどだ。

もう一つは、『御文』を書簡体で表して、誰にでもわかりやすいメッセージを方々に発したことだが、なかでも以下に引く文章が注目される。(原文は片仮名)

A　当流上人の御勧化の信心の一途は、つみの軽重をいはず、また妄念妄執のこゝろのやまずなんどいふ機のあつかひをさしをきて、たゞ在家止住のやからは、一向にもろ〳〵の雑行雑修のわろき執心をすて、弥陀如来の悲願に帰し、一心にうたがひなくたのむこころの一念をこるとき、すみやかに弥陀如来光明をはなちて、そのひとを摂取したまふなり。(寛正二年)

B　故聖人のおほせには、「親鸞は弟子一人ももたず」とこそおほせられ候ひつれ。そのゆへは、如来の教法を十方衆生にとききかしむるときは、たゞ如来の御代官をまうしつるばかりなり。さらに親鸞、めづらしき法をもひろめず、如来の教法を、われも信じ、ひとにもをしへきかしむるばかりなり。そのほかは、なにををしへて弟子といはんぞ、とおほせられつるなり。

されば、とも同行なるべきものなり。これによりて、聖人は御同朋御同行とこそ、かしづきておほせられけり。(文明三年七月十五日)

C　ちかごろは、この方の念仏者の坊主達、仏法の次第、もてのほか相違す。そのゆへは、門徒のかたよりものをとるをよき弟子といひ、これを信心のひとゝいへり。これおほきなるあやまりなり。また、弟子は坊主にものをだにもおほくまいらせば、わがちからかなはずとも、坊主のちからにてたすかるべきやうにおもへり。これもあやまりなり。かくのごとく、坊主と門徒のあひだにをひて、さらに当流の信心のこゝろえの分はひとつもなし。まことにあさましや。(文明五年九月中旬)

D　抑《そもそも》、当流の他力信心のをもむきをよく聴聞して決定せしむるひとこれあらば、その信心のとほりをもて、心底におさめをきて、他宗他人に対して沙汰すべからず。また、路次大道、われわれの在所なんどにても、あらはにひとをもはゞからず、これを讃嘆すべからず。つぎには守護・地頭方にむきても、われは信心をえたりといひて、粗略の儀なく、いよいよ公事をまたくすべし。また諸神・諸仏菩薩をも、をろそかにすべからず。これみな南無阿弥陀仏の六字のうちにこもれるがゆへなり。ことに、ほかには王法をもておもてとし、内心には他力の信心をふかくたくはへて、世間の仁義をもて本とすべし。(文明六年二月十七日)

部分的に重複もあるが、Aは『御文』の冒頭の文章で、祖師親鸞の教え、すなわち悪人正機と、雑行雑修を排して一向専修阿弥陀如来に帰すべしとの遺訓を、平易に簡潔に説いている。真宗が他から一向宗と呼ばれるゆえんである。

Bは阿弥陀仏の前にあっては、すべての門徒は師・弟子の別なく、平等であることを強調している。同朋・同行というのがそれで、蓮如は信徒と接するのに、常に平座で向かい合った。これが拡大解釈されると、下剋上や一揆の原動力となるが、今はそこまで触れない。

Cは善知識だのみ、施物だのみの異端を非難している。これら異安心に対する攻撃は、まことに執拗で、『御文』には繰り返し説かれている。おそらく、これは身内の敵を徹底的に叩くことが、即おのれのリーダーシップを高め、自派の結束を固めることになると考えた、蓮如の確信犯的な戦法であったろう。

Dで留意すべきは、まず、「守護・地頭方にむきても、われは信心をえたりといひて、粗略の儀なく、いよ〳〵公事をまたくすべし」の一節だ。反体制、反政治権力の教説を含まないどころか、それを禁止し、率先して公事、つまり年貢を納めよと奨励している。ところが、実際は門徒たちは、年貢を納めないどころか、一揆に走って、守護・地頭方を滅ぼしに立ち上がったのである。

次の「また、諸神・諸仏菩薩をも、をろそかにすべからず。これみな南無阿弥陀仏の六字のうちにこもれるがゆへなり」という一節も問題だ。蓮如の論法では、南無阿弥陀仏、つまり阿弥陀如来は諸神・諸仏を含むがゆえに、それらとイコールだから、粗末にしてはならないというわけだが、これはAの親鸞の教え、雑行・雑修を排せよという精神とは、明らかに背反する。すなわち、親鸞の『和讃』が、次のように詠って、密教諸仏を本地として山伏や神職の説く迷信や、それに基づく農耕儀礼、日時方角の吉凶・蝕穢などの俗習に縛られた民衆を悲嘆の種として、それを強く戒めているのを、彼が知らなかったはずはないのだ。

悲しきかなやこの頃の　和国の道俗みなともに　仏教の威儀をもととして　天地の鬼神を尊敬す

悲しきかなや道俗の　良時吉日えらばしめ　天神・地祇をあがめつつ　卜占・祭祀つとめとす

しかるに、右のDに関連して、『御文』には次のような条文（文明七年七月付け）もある。

一、神社をかろしむることあるべからず。
一、諸仏菩薩、ならびに諸堂をかろしむべからず。
一、諸宗諸法を誹謗すべからず。
一、守護・地頭を粗略にすべからず。

こうした制禁をわざわざ別に改めて書くのは、門徒たちがしばしばこれらの挙に出たことの逆証明だが、Cに見るように、身内の敵にはあれほど好戦的だった蓮如が、諸宗諸仏や守護・地頭に対しては、このようにへりくだっている。そして、北陸における諸法の総本山として蓮如が常に意識していたのが、ほかならぬ白山信仰だったことは、同じ『御文』の次の文章が示している。

そもそも、当流念仏者のなかにをひて、諸法を誹謗すべからず。まづ越中・加賀ならば立山・白山そのほか諸山寺なり。越前ならば平泉寺・豊原寺なり。されば経にもすでに、「唯除五逆、誹謗正法」とこそ、これをいましめられたり。（文明五年九月下旬）

すでに最盛期を過ぎていたとはいえ、白山信仰側の存在は政治的にも宗教的にも、この程度には大きかったのである。結果は、蓮如の作戦が図に当った。詳細は省略するが、信者の層で共通する時衆が、なだれを打って真宗に転向したし、それまでは在地の草堂や鎮守に拠っていた未組織の農民が、講を通じて門徒化したおかげで、信者の数は爆発的に増えた。布教にあたっては、「此三人さへ在所々々にして仏法に本付候はゞ、余のすえ〴〵の人はみな法義になり、仏法繁昌であらうずるよ」（『栄玄記』）と蓮如自ら述べているごとく、坊主と年老《としより》と長《おとな》という指導者層を押えたことが功を奏したわけだが、これは開墾地を増やして力をつけた国人層や自営農民の側が、新興の仏教勢力と結んだ結果でもあった（このあたりの社会経済史的な背景は重要なところだが、さきにも述べた笠原、井上両著が詳述しているので、ここでは省略する）。吉崎に坊を構えてから三年、文明五年八月二日の『御文』からは、蓮如の満足気な表情が見てとれる。

そも〳〵この両三ケ年のあひだにをひて、あるひは宮方、あるひは禅律の聖道等にいたるまで、まうしさたする次第はなにごとぞといへば、所詮、越前の国加賀ざかひ、ながえ・せごえの近所に、細呂宜郷の内吉崎とやらんいひて、ひとつのそびえたる山あり。その頂上をひきくづして、屋敷となして、一閣を建立すときこへしが、いくほどなくて、うちつゞき、加賀・越中・越前の三ケ国のうちのかの門徒の面々よりあひて、他屋と号して、いらかをならべいへをつくりしほどに、いまははや一、二百間のむねかずもありぬらんとぞおぼへけり。あるひは馬場大道をとをして、南大門・北大門とて南北のその名あり。さればこの両三ケ国のうちにをひて、をそらくは、かゝる要害もよく、おもしろき在所、よもあらじとぞおぼへはんべり。さるほどに、この山中に経廻の道俗男女、そのかずいく千万といふことなし。

在地の白山信仰はどう対応したか

かかる猛烈な真宗勢の浸透は、むろん白山信仰の側にも影響を与えないでは済まなかった。シンポジウム会場になった那谷寺は、後日、私が同寺と一向一揆の関係について木崎住職に問い合わせた返事が、境内地に産出されるメノウ石を吉崎坊に贈っていたとのことだから、蓮如と共存しようとして和睦をはかった口である。

また、『勝山市史』は、吉崎の蓮如が平泉寺白山神社に参詣の途中で——ということは、蓮如は自分から表敬訪問していたのだ！——北袋門徒の指導者となる野津俣長勝寺の西順のもとに立ち寄り、彼に六字名号を与えたとし、蓮如を迎えるための新宅がのちに阿弥陀堂と称され、そばには蓮如の詠石（梵石）があるとの例を紹介している。これは、蓮如の布教が、平泉寺白山神社のすぐ近くにまで及んでいたことを示すものだが、その数行あとに、あろうことか、平泉寺白山神社境内正学院の智光は、文明四年に蓮如が参詣した折、帰依して西念坊と改名したと書いているから、何のことはない、本山の中からも転宗者が出ていたことになる。

ちなみに、近くの永平寺では、道元の山水経や渓声山色の教えに傾倒する晦日《みそか》山伏が、月末日に山籠りし、月初めに下山する擬死再生の儀式をおこなっていた――これは立山の布橋灌頂会におけるそれと同様、白山信仰の秘儀が伝わったものにほかなるまい――のに、蓮如の布教後はそれも途絶えたと、木崎住職の手紙にはあった。参考までに、このとき住職が同封してくれた関係史料に拠って、この前後の那谷寺の動向も見ておこう。

> 越後勢はここを打ち捨てて、やがて加賀国へ通る。富樫介これを聞きて、五百余騎の勢を以つて、阿多賀（安宅）、篠原の辺に出で合ふ。しかれども敵に対揚すべき程の勢ならねば、富樫がつはもの二百余騎討たれて、那多の城へ引き籠る。越後の勢両国二箇度の合戦に打ち勝つて、北国所々の敵恐るるに足らずと思へり。（中略）その間に軍勢、剣・白山以下、所々の神社・仏閣に打ち入つて、仏物・神物を犯し取り、民屋を追捕し、私財を奪ひ取る事、法に過ぎたり。

これは『太平記』巻二十、「越後勢、越前に越ゆる事」中の一節で、南朝方の新田義貞勢が越後から進軍して、富樫勢（藤原利仁の子孫）を撃破、富樫高家が那谷寺山上の城に退去したときのこと。これより先の南北朝動乱の初期、白山中宮八院の衆徒は南朝方についたのに対して、那谷寺は北朝（室町幕府）方についたため、八院は同寺の支配下に置かれることになった。

また、次に掲げるのは時代は下るが、九州の大名、大内義隆が遣明船派遣に伴う進貢物として、那谷寺観音堂の地下からメノウが産出するのに着目、本願寺の証如に入手を依頼したのに対して、天文六年（一五三七）三月、証如が江沼郡中へ指示した文書の下書き。

雖不思事候、従九州大内方、修渡唐之儀、瑪瑙廿所望之由候、近比造作たるへく候へ共、当郡東組なたの観音堂に在之由被申候、然者急度被差上候者、よろこひ入候へく候、若於難相調儀者、則申され候へく候。（西本願寺文書）

つまり、那谷寺産のメノウは当時それほどに有名で、同寺を管理していたのが、この時代にあっても、本願寺だったことが判明する。しかしながら、肝心の蓮如進出や一向一揆に関しては、左の史料しか残っていないようである。

（吉崎といへるは）寺内、寺外、繁昌して、諸人群集、幾千万と云不知数侍しかは、加賀・越前両国の守護、并諸山寺の偏執も以外の事なりき。殊には平泉寺・豊原寺、賀州には白山寺・

那多八院等を始として、しきりのもよをしありて、当寺の偏執ありしか共、仏法の不思議にや、終に無別儀、いよ〳〵繁盛し侍りき。其後此寺は、加州・越前の取合出来て、文亀三年七月回録してけり。（『拾塵記』）

この『拾塵記』は、蓮如の息子の実悟が書いたもので、これを見ると、白山信仰側も、当初は真宗の進出に対してただ手を拱《こまね》いていたわけではなかったようだ。それはそうだろう、これは比叡山の山法師が本願寺を破却したときと立場が入れ替わっただけで、未曾有の宗教戦争なのだから。

「嫁脅しの面」と五ヶ山民謡

というのも、いまさら指摘するまでもないが、蓮如が本願寺を追われる発端は、寛正六年（一四六五）正月八日、比叡山西塔院不断経衆集会で衆徒らが本願寺に送った牒状で、その内容は左のとおり容赦のないものであった。

爰当寺（本願寺）者、興一向専修之張行、堕三宝誹謗之僻見之間、任上古之[illegible]範、可令停廃之条勿論也。就中、号無礙光、建立一衆、勧愚昧之男女、示卑賤老若之間、在々処々村里閭巷、成群結党、或焼失仏像経巻、軽蔑神明和光、邪路之振舞遮眼、放逸之悪行盈耳。且仏敵也、且神敵也。為正法為国土、不可不誡。（『叢林集』）

されば、こうした不穏な情勢のなかで、のちに一揆勢の焼き討ちにあう平泉寺白山神社は例外として、北陸の白山信仰勢が軒並み真宗の軍門に降り、あまつさえ加賀の総本山、白山比咩神社までもが靡いたのは大事件だったはずで、にもかかわらず、本稿の執筆と並行して可能なかぎり史料を洗ってはみたものの、いまだにその経過と理由を示す白山神社側の文書を見出せないのが面妖である。

結局のところ、南北朝、室町の動乱を境に、経済的な基盤だった荘園を失い、それとともに衰亡に向かっていた彼らが、もはや比叡山も頼みにはならないと見切りをつけて、保身のため、新興の勢力にすり寄ったとでも考えるほかはないのだろうか。

しかしながら、上層部の政治的な思惑から、そのような妥協、転向を選択することはありえても、在地の民衆がそうやすやすと真宗に蚕食されたとは思えないし、思いたくない。その意味で、次に紹介する地元の民話『嫁脅しの面』を、私は面白く読んだ。

十楽村というところに、夫と子を亡くしたきよという女が、姑のおもとと二人きりで暮らしていました。きよは蓮如の教えをうけて信者となり、夜になると吉崎御坊へおまいりしていました。

しかし、それが気にいらないおもとは、ある晩、鬼の面をかぶってひっそりした谷間に身をひそませ、きよを待ちぶせしました。そしてきよがやって来ると、飛び出して立ちふさがり、

「吉崎に参るのならば喰い殺すぞ」とすごんだのです。きよはとてもおどろき、恐れましたが、何とか気をとりなおし、念仏しながらその場をやりすごすと、いつものように法話を聞きに御坊へ向かいました。

一方、家に帰ったおもとは面をはずそうとしましたが、いつのまにやらしっかりと顔にくっついて、どうしても取れません。血を流して泣きながらもがいているところへ、きよが帰ってきました。おもとはきよに大声で泣きつき、「ああ、あさましい。さっきの鬼はわしじゃった」と白状し、心から詫びました。

それから、きよが念仏するようにと優しく勧め、おもとが「南無阿弥陀仏」ととなえると、面はたちまちはずれたということです。

この地は現在も嫁威《よめおどし》の地名で残り、村落の氏神さまである八幡神社の薄暗い谷が、おもとのひそんだ谷だと伝えられています。

このお話は早くから評判だったらしく、江戸時代初期には、もう「嫁おどし茶屋」が三軒もあり、旅人はそこでひとやすみし、このお話を聞いてから吉崎御坊に参詣した、と記されています。

右は和田重厚(願慶寺住職)編『蓮如伝説を歩く』からの引用で、これを求めた吉崎の同寺には、古色蒼然としたその肉附きの面まで飾ってあった。農村の善男善女を入信させるのに、このような伝説を作って語り広めた僧侶は、なかなかの知恵者というべきだが、勝手なもので、私はここに出てくる八幡神社が白山神社だったら、もっと良かったのにと思ってしまう。なぜなら、きよが新興の真宗信者なら、おもとはもともと在地の民間宗教、つまり白山信仰の信者だったと考えられるからで、神社の上層部が蓋をしてしまった民衆の心の葛藤が、ここには正直にあらわれている。

それゆえ、私は本章でもう少し丁寧に、そのあたりの微妙なところを見てゆきたいと思うのだが、白山信仰から真宗に転じた例として、井上鋭夫が『一向一揆の研究』中で言及しているのは、合掌造りで知られる越中五ヶ山の場合だ。

五ヶ山は庄川、利賀川、百瀬川流域にまたがる五つの谷あいの村落群からなっており、天文年間にいたるまでに数々の真宗道場が生まれ、それらは越中瑞泉寺をはじめ、同安養寺、加賀小松本覚寺など有力寺院のもとに束ねられていった。笠原一男がこれを道場坊主を中心に新たに門徒の集団＝講を結成させ、真宗本願寺派の拡大を図ったオーソドックスなケースとして挙げたのに対して、井上は『五ツ山謎記』にある左の民謡を引いて、上梨白山神社を根城とする白山信徒の山蜘蛛（五ヶ山住民）が、真宗に転じたケースとして挙げ、これは彼らが一揆の際に籠渡の蔓で庄川をこえて農村地帯に討って出て、剽悍をほしいままにしたことを謡っていると解釈した。

神の恵みはあらたかや　　上梨村にましませし
白山冥利（妙理）大権現　斯る神社は玉岩の
昔その丈一丈ある　　　山蜘蛛巣をなしにける

下を往来する人を　折々糸にて釣上げて
此の事都へ聞えしが　滅せよとの勅諚にて
弓手のつはもの下向あり　五人張二十五束
三伏の矢打ち番へ　ゐいやと射けるが
岩けん〳〵の如くにて　川より東しふしとて
崩れたる山の大木へ　糸を懸けてぞ去りにける

しからば、彼らはいかにして真宗に転じたかが問われねばならないが、井上鋭夫はこうして白山信仰が真宗へと転位するのを、「白山信仰と真宗は非連続的に連続している」として、次のように説明する。

平安中期以降の浄土信仰が密教に結びついて白山仏教の中に念仏の行法を持ち込み、やがて阿弥陀が十一面観音を凌いで、その核心をなすようになる。『白山禅頂私記』は、「時キ相応之念仏者」つまり真宗に影響されてか、白山を浄土と観じて登拝を説いている。（中略）白山宮はすでに平安末から、不動堂・法華三昧堂とならんで常行三昧堂が設けられ（『白山記』）、また長滝寺什宝物にも伝恵心僧都作三尊弥陀がある。長滝寺の寺名も白山々中の長滝を神体とするところに由来するが、滝の名称は阿弥陀ケ滝で、ここでも弥陀が重要な役割を果たしている。（中略）この天台系白山仏教から蓮如への帰依は転宗であって非連続であるが、また阿弥陀信仰や寺内という点では連続している。その限りでは両宗派は崇拝対象が異なるのではなくて、阿弥陀信仰の規定が異なっているということができる。

これは、先に蓮如が『御文』のなかで、「阿弥陀仏は諸神・諸仏を含む」と述べていたのと同じ論法を、白山信仰の側に転用して、もともと白山信仰には阿弥陀如来信仰が内在しているのだから、矛盾はないと述べているのに等しい。けれども、私に言わせると、それは結果から帰納したあと知恵というもので、本願寺側にはまことに都合はよくても、当事者である山の民がそこまで論理的に考えて、真宗に帰依したとはとうてい思えないのだ。井上は右の引用文のあとで、矛盾したことも言っている。

諸神諸仏を心にかけず一心に弥陀に帰することを説いた蓮如は、諸神諸仏と対決しているのであって、神仏習合＝多神教的阿弥陀仏信仰を純化し、諸神諸仏菩薩の廃棄を主張しているのである。従って本願寺への帰依は阿弥陀如来の本弘誓を信ずれば足りるのではなく、白山・熊野その他の諸宗派からの離脱つまり本山への忠誠が要請されるのである。ここに存如以前と蓮如以後の本願寺、または蓮如と真宗他派とが区別されるべき一線が画されている。

これには、私もまったく同感で、さればこそ、白山信仰と真宗の「連続」と「非連続」の相は、もっともっと究明されなくてはならない。文明六年（一四七四）に始まる北陸での一向一揆は、このようにしてこれまで曖昧にされてきた両者のあいだに、一挙に新たな亀裂が走り、お互いの立場がいやおうなく露呈されてくる過程でもあった。

第7章　白山信仰と一向一揆

越知山大谷寺訪問

本章は、そのまま前章「白山信仰と中世北陸の宗教風土」の続篇である。ここでは、一向一揆との対決、敗亡、融和の諸相がテーマとなる。

那谷寺でのシンポジウムの翌朝、私は待ち合わせた金田さん、関さんと吉崎坊址を訪ねたが、そのあと案内をしてくれた関さんとは芦原温泉駅で別れ、今度は金田さんの車に乗り換えて福井県丹生郡朝日町（現越前町）に向かった。正午、朝日町役場の駐車場で佐々木英治氏と待ち合わせる約束である。

途中、白山信仰の開祖とされる越の大徳泰澄の生誕地、麻生津（現浅水町）を過ぎる。福井平野と武生盆地に挟まれた北陸道の宿駅で、越前国府に近い交通の要衝である。付近には日野川や

泰澄大師像（白峰・林西寺蔵）

浅水川が流れ、日本海が間近だから、水上交通の拠点でもあった（浅生津の津は港の意）。日野川河口は、三国港だ。そこからは日本海経由で能登、出羽や、若狭、丹後、出雲、さらには朝鮮半島とも繫がっていた。泰澄の父親の三神安角《やすずみ》は、渡来人秦氏の出で、この地の渡し守とも日本海航路の船頭とも言われ、『泰澄和尚伝記』は唐から帰朝してまもない道昭が北陸修行の途に出た折、安角の蓬屋に来宿、泰澄が神童であることを見抜いて、両親にその旨告げたと伝える。

ほぼ時間通りに朝日町役場の駐車場に到着すると、すぐに佐々木さんの車のあとについて、私たちは越知山大谷寺《おおたんじ》を目ざした。麻生津の西南、平野部の端に聳える越知山は標高六一三メートル、西は日本海を、東北は白山を望む好位置にある。泰澄若年の錬行修行地であるのみならず、晩年はこの地に退隠し、麓の大谷仙窟で入定した。現在の大谷寺付近で、同寺には彼の墓がある。

車を降り、目の前の蓮池を眺めながら石段を登り、山門をくぐって庫裏に向かった。真宗の道場を大きくしたような平屋造りで、あまり寺らしく見えない。佐々木さんが中に声をかけると、住職夫人が出てきて、境内の倉庫の鍵を開けてくれた。さしずめ宝物館といったところだが、木彫仏が何体も無造作に置かれ、最近発見されたという両手足が半分欠けた鉈彫りの不動明王像が、ごろんと横たわっていた。専門家の鑑定では奈良期にさかのぼる製作とのことで、重文指定を検討中という。ひょっとしたら、梅原猛氏の言う泰澄仏かもしれない。

夫人の案内で境内の奥にある泰澄廟に詣でた。元亨三年（一三二三）三月四日建立の銘を有する石造の九重塔だ。金田さんがそばの崖の赤茶けた肌を指差して、金鉱との関わりを弁じた。谷川健一門の気鋭民俗学者らしい観点である。ここは丹生《にゅう》郡というぐらいだから、古代には丹生、つまり水銀を採掘したことがあったかもしれない。庫裏に戻りかけて、ふと境内にぽつんと残る門を見あげると、焼け焦げた跡があった。夫人に問うと、一向一揆のときのものだとのこと。それにしては、使われている木材が新しい（後年補強した部分もあるのだろうが）ので疑問に思ったが、到着したばかりであまりしつこく追及してもいけないと、つい遠慮してしまった。

庫裏の客間で、僧侶らしからぬ精悍な面構えをした西山良忍住職と対面した。あとで、前朝日町町長だったと聞いて、なるほどなと、可笑しかった。開口一番、異なことを言った。大谷寺の谷は丹、越知山の越は「こし」ではなくて、変若水《おち》の「おち」、元は「べと」＝土で、天地自然の総称だというのである。前者、変若水による若返り信仰、再生信仰は、白山信仰の中核だから、面白い考えである。また後者は、ベトナムの漢字表記が越南であることを思えば、たしかにそういう解釈も成り立たなくはない。

西山師はこのあとあいにく用事が控えているとかで、早口で一時間弱、手製の詳細な泰澄年表――各種文献の異同をもらさず書き留めてあった――を拡げて、将来執筆予定という『決定版泰澄和尚伝』の構想を、語ってくれた。それによると、泰澄が越知山に入山したのは十一歳のとき（『越知山大谷寺縁起』）で、従来の十四歳説は訂正されてしかるべきとのことだった。

時間が来たので礼を言い、最後に本堂に詣でた。本尊の十一面観音坐像（平安後期）や、よく写真で見る、右に浄定行者、左に臥行者を従えた泰澄大師坐像（明応二年作）を目の当たり拝めたのは、嬉しかった。

次に向かったのは、幸若舞で有名な幸若家代々の墓地。十四世紀から十七世紀半ばにかけて、曲舞《くせまい》という芸能が流行したことはよく知られている。各地に舞々と呼ばれる多くの唱門師《しょうもんじ》系被差別芸能者がいたなかで、ここ丹生郡西田中村を根拠地とした幸若舞は、もっとも大きな勢力を持った一派だった。織田信長が出陣前に舞ったという「人間五十年、下天のうちをくらぶれば」というあれである。墓地は住宅地の狭い路地の奥だったので、探すのに手間取った。荒れた林のあちこちに墓石が乱立しているところを見ると、やはり相当な勢力だったようだ。一族の住んでいた屋敷跡は、少し離れていて、そばには白山神社があるとのこと。

三時近く、朝日町役場近くの蕎麦屋で遅い昼食をとって、佐々木氏と別れ、敦賀半島の付け根、金田さんの地元の若狭美浜町から始めて半島を一周した。言い遅れたが、金田久璋さんとは、日本地名研究所の大会で、所長の谷川健一さんに紹介してもらって以来、親しくしている。早くからニソの杜の研究で知られ、白水社から『森の神々と民俗』『稲魂と富の起源――稲積み・年玉・贈与交換』の二著を出していたので、私よりずっと年上の人と思っていたのだが、話してみて驚いた。私とはわずか一歳の年長、しかも、父君が若くして亡くなったため、高校を卒業後、近くの郵便局に勤めながら、独学で民俗学その他の勉強をしたというから、在野にはえらい人がいるものだ。強みは、何といっても地元で精緻な民俗調査ができることだが、それだけで終わらず、文化人類学や宗教学など、新しい学問の方法を身につけている。おまけに、思潮社から『言問いとことほぎ』という詩集も出している才人で、文芸方面にも明るいから、私とは話が合う。能登一の宮で営まれた折口信夫没後五十年祭の折、偶然墓前で再会し、これ幸いとその帰りに氏の車で能登島の蝦夷穴古墳に連れていってもらったり、また別のあるときは、ニソの杜をはじめとする若狭の民俗を探訪がてら、作家水上勉氏の生家や氏が代用教員時代に勤めた分教場を案内してもらったこともあった。

すでに夕暮れが迫っていて、あまりゆっくりできなかったが、新羅からの渡来人の集落に鎮座する白城神社に詣で、ついで谷川健一さんが産土《うぶすな》は産屋に敷いた白い砂に由来することを発見した、その産屋のあった浜に案内してもらった。白城神社の現在の祭神は鵜茅草葺不合命だが、元来はシラヤマ神の前身である朝鮮のpărk（白）神＝天空神を祀ったものと私は考える（近刊予定の『海を渡った白山信仰』参照）が、その白城神社が事故続きで評判の悪い関西電力大飯原子力発電所と隣り合っていたのは、奇妙な光景であった。わずか十五軒ほどのこの集落の人たちは、祖先が新羅で鶏を神聖視したのにならって、いまも鶏肉や玉子を口にしないそうだ。

その夜は、五十歳を過ぎて名古屋に単身赴任地した弟のマンションに泊まり、帰京してからは、大学の図書館で『朝日町誌』を読んだ。同著によると、大谷寺の創建は泰澄入定（七六七）後の平安年間。越知山山頂は山岳霊場として本社大御前（本地十一面観音）、大己貴権現（同阿弥陀如来）、別山権現（同聖観音）の白山三所権現を祀っていたから、本地垂迹説にのっとって、それらを守護した。文明十年（一四七八）十二月二十五日付けの『越知山年中行事』では、中宮の平泉寺白山神社に対して越知山は本寺を称し、永正十一年（一五一四）でも、「白山の嶺は胎蔵界を表し、当山も頂きは金剛界を示す」として、白山と越知山によって両界曼荼羅が成立することを誇っている。中世には、同じ天台系の平泉寺、豊原寺と並んで、越前白山信仰の本場だったのである。やがて朝倉氏が領国を支配するにともなってその保護下に入り、神山をめぐって百姓とのあいだで度々あった相論は、孝景の判決で寺側の勝訴となった。知りたかった一向一揆当時のことは、左のごとく簡潔に記されていた。

天正元年（一五七三）八月、朝倉義景の滅亡後、越前は一旦、織田信長の支配下に入るが、翌二年正月二十日の府中城主富田による一乗谷の桂田襲撃を契機にして一向一揆が蜂起して国内一円に荒れ狂い、信長が目付として置いた北庄三人衆を国外に追放すると、一揆勢は、信長に降伏した義景の旧家臣はもちろん、国侍まで襲撃して次々と滅ぼしていった。大野郡平泉寺に立て籠った土橋信鏡も四月十四日に平泉寺もろともに滅亡した。

『朝倉始末記』によると、一揆勢は、六月五日に小田城に立て籠った朝倉兵庫助一家を敦賀郡へ退出させて城を破却した後に協議して、「一国ノ諸侍悉ク攻討テ心ノ残ル事モナシ、此上ハ大谷寺・長泉寺・田谷寺、其外他宗ノ大地神社・仏閣ヲ攻破リ、国中一味同宗ニスルヨリ外ノコトアラン、各如何ト評シケレバ、何レモ此義尤ト同心ス」とあり、一揆の暴徒は大谷寺へ攻め寄せ「泰澄和尚遺骨ヲ籠ラル石塔・釈迦堂・一切経堂、其外末社ノ宮々・鐘楼・坊々・霊地ノ大谷寺ト云ヘトモ、彼ノ一揆ノ賊徒、既ニ馳セ寄セ放火シケレハ魔風吹散テ一時ニ灰燼ト成リ、其ヨリ峰頂ヘ駈上リ三所ノ神殿ニモ火ヲ懸ケレハ、猛炎雲上ニタナビキ天ヲ焼カト見ヘシ」とあり、時はまさに六月十八日の午刻であったという。このようにして、大谷寺は長泉寺・田谷寺とともに一時に灰燼に帰した。

このとき一揆側には神山相論で破れた百姓たちが加わっていた可能性は高く、仮に住職夫人の言うとおりとするなら、大谷寺境内の門に火がかかったのはこのときであったろう。

追記しておくと、今回大谷寺ほかを案内してくれた佐々木英治さんは、元県立鯖江高等学校の校長先生。退職後は「泰澄の足跡全国調査研究会」の中心的人物として、精力的な活動をしている。寄贈された『越知山　泰澄の道』（二〇〇九年五月刊）を読んで驚いたのだが、越知山における泰澄修行地のルートをことごとく踏破し、年間を通しての日の出、日の入り地点を観測して、二十四節気分布図まで作成していた。同著所載の「白山信仰の原点北陸最古の霊場越知山に泰澄の修行地を肌で追う」という論考は、丹生山地の山人の長、越知山茗荷谷の左兵衛が泰澄の修行をバックアップしたと述べており、新しい視点を与えられた。

加賀一向一揆の諸相

さて、いよいよ一向一揆そのものについて語るときがきた。何しろ百年に及ぶ錯雑した戦乱の歴史である。主には北陸地方における一揆の諸相について、なるべく簡略に見てゆく。

最初の一揆は、蓮如が吉崎坊留錫中に起きている。文明四年（一四七二）九月、加賀の一向一揆勢は、守護富樫氏の分裂弱体化に乗じて、早くも攻撃を開始した。『勧進帳』で義経一行を詮議したのが富樫左衛門であったことからも知られるように、この富樫氏はもと加賀国衙《こくが》の役人であった。足利幕府から守護職の地位を与えられたが、一族内訌し、泰高は能美・江沼郡を、政親は石川・河北郡をと、二派で領国を分有していた。この対立は京で応仁の乱（一四六七－七七）

が始まるや、厳しさを増した。富樫政親が東軍（細川勝元派）に属すると、弟の幸千代《こうちよ》は西軍（山名持豊派）に属して互いに争い、劣勢の政親は翌年、白山の山内に逃げ込んだ。

山内は能美・石川両郡にまたがり、白山宮が支配する山内荘の範囲である。石川郡鶴来《つるぎ》町（現白山市）に鎮座する白山比咩神社の南方約四キロメートルの福岡（石川郡河内村＝現白山市河内町）を中心とし、福井・石川県境の谷峠に至る国道一五七線沿いの牛首川流域の地と、東の尾添川、西の大日川沿いの谷合い集落一帯の総称で、鎌倉時代以来、四つの地域にわたり、組的結合を形成していた。牛首（現白山市白峰）、尾添（石川県尾口村＝現白山市尾添）、大日川渓谷の村々、福岡を中心とする村々の四組である。このうち牛首組は位置が近い関係から、越前平泉寺白山神社と結び、加賀白山宮をうしろ楯とする尾添組と争ったりした。室町時代ごろからは、山内の代表的豪族として、鈴木氏が強勢となった。尾添村の尾添一族も有力で、他に山内荘には、鎌倉時代ごろから勢力をもつ武士団に結城氏があった。

山内衆に支えられた政親側は、吉崎の蓮如と交渉して、本願寺の支援をとりつけた。幸千代側が同派と対立する高田専修寺と結んだからである。文明六年には、白山本宮の惣長吏澄栄や衆徒・神人がこれに加わり、幸千代方を攻略する。こうして、政親は一時的には加賀一国の守護職を回復するが、このとき実際に加賀の支配権を握ったのは、本願寺派の同行衆に姿を変えていた国人（有力土豪）や村殿（小土豪）らの連合勢力、つまり一向一揆の上層部であった。この合戦が文明一向一揆と呼ばれるゆえんである。

戦闘の結果、本願寺門徒による荘園侵略が進行した。『白山宮荘厳講中記録』は、「この戦いの翌年の文明七年ごろから、本願寺門徒が威勢を誇り、寺社領などの年貢を払わなくなった。そのため、寺社の行事もおこなわれなくなった。武家の威勢もなくなり、思いもよらない時節になった」とこぼしている。

同七年三月下旬、一揆側は攻撃目標を政親に向けた。発端は政親の家臣槻橋と門徒の紛争で、緒戦では一揆側が敗北して、坊主や門徒たちは越中に亡命した。このとき政親との和平の調停を依頼するため、門徒団の使者が吉崎を訪れるが、面接に当たった安芸蓮崇は、使者を蓮如に会わせなかったばかりか、蓮如は門徒団の加賀反撃を望んでいると偽りを伝えて、煽動した。同年七月、蓮如が蒼惶として吉崎を去ったのは、この蓮崇の動きを察知して危険視し、一揆の余波がわが身に及ぶことを恐れたからだというのが、定説になっている。あからさまに反体制の側に立つのを嫌って、『御文』では終始門徒に自制を求めた蓮如だが、ことここに至ってもはや自分の出る幕はなくなったと悟ったのだろう。

長享二年（一四八八）夏、二十万人にのぼる一揆勢は、政親を高尾城（現金沢市高尾町付近）に包囲し、一ヶ月もたたないうちに滅ぼしてしまった（長享一向一揆）。よく知られているように、これからのちの一世紀、加賀は守護大名の支配を認めない、「百姓の持ちたる国」となった。

続く大・小一揆（享禄の錯乱）は、越前から亡命した和田本覚寺・藤島超勝寺（大一揆）対、蓮如の息子を配した、山田光教寺・波佐谷松岡寺・若松本泉寺の加賀三ヶ寺（小一揆）という本願寺門徒同士の争いである。前者は、はじめ越前荒川興行寺が移住してきていた、鶴来町南方の二曲《ふとうげ》にこもって守勢に立たされていたが、享禄四年（一五三一）七月、本願寺の派遣した下間頼秀らの軍団が山内右京進以下の二曲衆や尾添衆、吉野衆に合流すると、形勢が逆転、それまで傍観していた白山本宮が加勢して、同じ白山系でも後者の側の金剣宮や若松本泉寺を焼き討ちにした。小一揆側は一乗谷の朝倉氏に援軍を求め、朝倉孝景はこれに応えたが、劣勢を盛り返すことができずに敗れ去り、加賀三ヶ寺の坊主や、四郡の長《おとな》など有力国人は越前に避難した。

天文六年（一五三七）七月、若松本泉寺は勢力奪還をはかって、再度挑戦するも、敗退。このとき、白山本宮の惣長吏澄祝の弟平等坊が若松派に味方して進退を失い、白山禅頂を越えて越前に亡命するという事件が起きた。「当山既に滅亡たるべきか」と驚愕した澄祝は、理性坊澄範を人質として本覚寺へ差し出し、ようやく事なきを得て、「これ神慮・仏力の故なり」と、安堵の胸をなでおろしている。一方、本願寺証如は惣長吏の狼狽ぶりを「おかしく候」と、日記に書きつけた。この一言に、一向一揆のなかに埋没して、一揆を構成する一軍団に過ぎなくなってしまった白山本宮の長吏・衆徒・神人の立場がよくあらわれている。

白山相論と山内衆

こうして見てくると、一向一揆といっても、その内実は、旧領主対新興国人層の覇権争いで、どちらも利用できるとなれば本願寺派を自分たちの味方につけ、本願寺派もそれに乗じたのが、戦闘の始まりだったことは明らかである。宗教戦争の要素としては、本願寺派対高田専修寺派という教団内部の対立がここでも尾を引いているが、白山信仰側の態度はまことに煮えきらない。というより、もはや戦闘の主体となるほどの力を失い、その時々で形勢有利なほうに靡くしかなかったようだ。同じ加賀馬場中の二大勢力、白山本宮が本願寺側についたのに対して、金剣宮が小一揆側を加勢したのは、白山信仰側の教団内部における主導権争いがからんでいたと思えるが、本宮惣長吏の弟平等坊が若松派に寝返ったのは、どう考えても宗教的な信念とは無縁である。

加うるに、加賀白山本宮と越前馬場平泉寺白山神社の、白山禅頂の杣取権《そまどり》（社殿造営権）をめぐる中世以来の対立は、一揆が激化するにつれていっそう厳しいものになっていった。杣取権といっても、それは名目で、道者が禅頂に詣でる際、各宮に納める礼物や参銭など、莫大な利権のゆくえが問題だった。一向一揆が加賀を支配する直前の康正三年（一四五七）七月、白山本宮が禅頂の社殿の遷宮（造替）をおこなおうとしたところ、平泉寺白山神社の衆徒たちがこれを聞きつけて、加賀馬場による造営を阻止するための訴訟を起こした。敗訴した越前馬場側は、大挙して禅頂に登り、これに対抗して登頂した加賀馬場の衆徒たちと睨みあって、一触即発の状態になった。

また、一揆の後半段階の天文十年（一五四一）八月、暴風雨によって禅頂大汝峰の社殿が吹き倒されると、これを機に、翌々十二年、山内四組の最上流域を占める牛首組の牛首・風嵐両村の山の民が、平泉寺白山神社の衆徒・神人集団の援助をうけて杣取権を行使し、社殿の造営を強行した。当然、これに対抗して、吉野谷組に属する尾添村の山の民は、白山本宮を通して強く抗議した。

加賀馬場の禅頂道は尾添谷をさかのぼって中宮から加宝宮に川を渡り、そこから白山の北斜面を登る道筋である。他方、越前馬場の禅頂道は平泉寺白山神社から小原峠を越え、牛首谷最上流域の市ノ瀬から白山の西斜面を登る道筋をとっていた。つまり、牛首谷の牛首・風嵐両村は、本来、いずれの禅頂道からもはずれていたのに、平泉寺白山神社の援護のもとに割り込み、道者の奉納する参銭を入手するため、倒壊した社殿の造営をおこなったのである。牛首組も吉野谷組も、山内衆に属していた。そこでこの相論は、本願寺証如のもとに持ち込まれた。

牛首・風嵐両村の背後には、平泉寺白山神社のほかにもう一つ、白山本宮と尾添村との中間にあって、本宮への対決姿勢を捨てていなかった福岡の領主(地頭)結城宗俊がいた。宗俊は相論を有利に展開するため、証如に長男(のちの顕如)が誕生すると、すぐに祝儀を届けている。権力者への政治工作に奔走したのは、白山本宮も同じである。すでに、文明十三年、当時の惣長吏澄賢は、京に出かけて将軍足利義尚や前将軍義政に働きかけているが、この時は澄辰が懇意にしていた権大納言山科言継に、朝廷や本願寺への斡旋を依頼した。

結局、この天文の相論は、尾添村と加賀馬場の勝訴に終わった。勝訴に導いた立役者は、本宮の惣長吏でも神主でもなかった。尾添村の番頭(村殿)四郎右衛門・与七郎兄弟の働きが大きかったのである。当時、山内の四つの組を束ねていたのは、二曲の山内右京進であったが、相論勝訴と前後して彼の名は消え、以後、外来勢力である鈴木出羽守が山内衆の指導者として姿をあらわすまでに一世代の空白がある。

ともあれ、右の相論の次第からも分かるように、白山信徒内部の側にあっても、この当時相論や一揆は、すでにして宗教上の原理的な対立などではなくて、日々の生活の基盤をどう維持し、強固にするかという、きわめて現実的な要請によるものに変質していたのである。

聖護院の道興准后が、ちょうどこの時期、文明十八年に、能美郡の本折（小松市本折町）から仏ノ原を経て吉野谷に入り、白山禅定道の三ノ宮（加賀室）に登拝、吉岡から下白山・剣（鶴来）を旅している。以前、彼の著した『廻国雑記』を読んだとき、東国ではおそらく本山派熊野修験の組織を梃入れする使命を帯びていたものとみえ、その道中の見聞が細かく書かれていたことを思い出して、既述の資料とは別の手がかりが得られないかと当該箇所を調べたが、のんびりと歌を詠んでいるだけで、期待ははずれた。激しい一揆のさなかである。十数人の供を連れて、准后の位にあるものが無事旅をするには、白山本宮・吉崎坊双方の保護が欠かせないと思えるが、文章に拠るかぎり、どちらへも立ち寄った形跡はない。

ときに、天文二十三年（一五五四）四月一日、白山禅定に噴煙が立ち昇った。白山宮では山伏の実乗坊を登山させて調べに遣わしたところ、剣岳の山の南斜面が焼け上がり、大きな岩石を噴き上げて正殿の大床の屋根を打ち抜いていた。五月には手取川に灰や硫黄が流れ、住民は川水を飲料にできなかった。六月、剣岳は山全体が籠の目から煙が立ち昇るような状態になり、十月には大震動があって、国中の人びとが肝を潰した。白山宮まで煙が充満し、川水が濁り、湯の煮え立つさまは立山の地獄原にそっくりだった。この白山の噴火のさまを伝え聞き、遠く九州は肥後人吉の相良藩では、『相良家法度』（天文二十四年）に次のごとく記した。

一、他方より来る候ずる祝《はふり》・山伏・物しり、宿を貸すべからず候、祈念あつらへべからず。
一向宗基《もとひ》たるべく候。

一、一向宗之事、いよ〳〵法度たるべく候。すでに加賀の白山もえ候事、説々顕然ニ候事。

一、男女によらず、素人《しらふと》の祈念・医師《くすし》取いたし、みな一向宗と心得べき事。

すなわち、相良藩や隣の薩摩藩は、以前から本願寺教団を公共の秩序・良俗を乱すものとして禁止していたが、この時期に至るも、一向宗（浄土真宗）を、素人の祈禱師ないしはあやしげな薬物を与える者の同類とみなしていたがゆえに、白山の噴火は、加賀での真宗の圧迫によって白山宮が衰微し、屈服を余儀なくされた結果、白山権現の怒りが爆発したと解釈したのである。のちの隠れ念仏は、ここに胚胎する。

越前一向一揆と平泉寺白山神社焼亡

早くから本願寺教団が浸透していたのにもかかわらず、加賀や越中にくらべて、越前での一向一揆が遅れたのは、朝倉政権が強固だったからである。永正三年（一五〇六）七月、加賀一向一揆が越前に侵入するが、朝倉勢は九頭竜川を防禦ラインとして迎え撃ち、一揆勢を敗走させた。この年は、大和・河内などの畿内や、美濃・三河などの東海地域においても、一斉に一揆が蜂起している。前将軍で、能登に亡命していた足利義材の勢力挽回の動きに対し、反義材勢力の代表である細川政元が、義材に合力した諸大名の国内で一向一揆を起こし、義材勢力を打倒するよう本願寺実如に命じたからである。本願寺はこれを契機に戦国争覇戦中に身を投じ、他の戦国大名なみに封建支配権力化してゆく。一方、本願寺の指令を受けて他律的に蜂起した越前の一向一揆は、国人層を欠いていたので、大坊主分の主導のもとに門徒農民が動員されて、共同戦線を組んだ。

一乗谷では、四代朝倉孝景が弘治元年（一五五五）二月に死去、五代義景がそのあとを継いだ。同年七月、朝倉勢は宿敵加賀一向一揆を撃破するため、国境いを越えて進軍した。直接のきっかけは、本願寺と対立していた長尾景虎（のちの上杉謙信）が、信濃に出陣するので、越中の国境いまで出兵してもらいたいと要請してきたからであった。初め朝倉方は優勢だった。けれども、将軍足利義輝や本願寺側が調停に動いて、加越のあいだに和議が成立、朝倉勢は越前へ撤退した。

このころ、山科本願寺を焼かれ、大坂の坊舎に移った証如は、寺域を拡張、寺内町に石山本願寺を築いており、同寺は繁栄の極にあった。『耶蘇会士日本通信』は、「門徒から本願寺法主に上納される金銀は、莫大な額に上っており、日本中の富の大部分は、この坊主が所有している」と報告したが、那谷寺がメノウを貢いだのは、このときであったろう。経済的な繁栄にとどまらない。本願寺は甲斐の武田信玄はじめ、有力な大名と結んで政治的にも力を増し、同じころ東海地方で急速に成長しつつあった織田信長や徳川家康と、やがて雌雄を決することになる。

三河一向一揆（一五六三－六四）、信長による比叡山焼き討ち（一五七一）、長島一向一揆（一五七〇－七四）、石山本願寺合戦（一五七〇－八〇）については、この際省略する。天正元年（一五七三）八月、織田信長は岐阜を出立して近江に入り、朝倉義景を破り、ついで越前に攻め込んだ。落ちのびた義景は、かねて謀叛の志のあった一族の朝倉景鏡に包囲され、自害する。信長は越前支配のため、前波吉継（のち桂田長俊と改名）を越前守護に、富田長秀を府中城主に任命するが、翌二年正月、三万人余の一揆勢が富田勢と連合、桂田長俊を敗死させ、さらに翌二月、今度は富田長秀を討った。同月下旬、石山本願寺から平泉寺白山神社にたてこもっている景鏡を誅伐せよとの指令が届くと、杉浦法橋を大将に、本覚寺・専授寺・超勝寺・照厳寺の坊主や国中の一揆勢が、大野郷に押し寄せた。

四月十四日、大野南袋・七山家（勝山市北谷一帯の小原・木根橋・谷・河合・六呂師・杉山・中野俣の七ヶ村）の一揆勢が、大野郡郡村の村岡山（現勝山市村岡町）に平泉寺白山神社の先手を打って築城した。平泉寺寺内には、老僧や稚児など五、六百人が残った。宝光院・大覚院以下の寺衆や、景鏡の軍勢八千三百余騎が村岡山へ押し寄せ、激戦となったのである。一揆側の依頼で、本覚寺は二、三千人の軍勢を村岡山へ向かわせ、自らは豊原寺の西方院衆六、七十騎を加え、六、七百騎余りで、直接平泉寺白山神社へ討ち入り、方々へ放火した。寺内炎上を見て、村岡山を攻撃していた平泉寺衆徒は慌てて引き返したが、村岡山の一揆勢はこれを追撃、大半が討ち死にした。朝倉景鏡は自害、八十三歳の院主は、拝殿に火を放って、猛火の中に飛び込んで果てた。

一揆勢との戦いに平泉寺白山神社がもろくも敗れたについては、寺内における兄宝光院と弟玉和泉坊の不和も一因であった（『朝倉始末記』）。ともに知行数千石を領する大名級の坊主だが、諸堂再興の際、石垣の石の大きさで張り合い、宝光院が身の安全をはかるため景鏡の平泉寺入りを許したのが原因で、一揆勢の襲撃を受け、全山焼亡した。ときに、天正二年四月十五日のことであった。

越前一向一揆がこのあとさらに丹生郡織田村の朝倉兵庫助景綱の城砦を攻め、大谷寺を火にかけたことは、先に見たとおりである。このとき、一揆勢は浄土・天台・真言・禅・法華や真宗高田派、三門徒派の寺院に本願寺派への改宗を強要、百余社の神社を破壊して、神器・宝物を奪いとった（一揆では高田派・三門徒派は、織田方に加勢した。敵方の敵は味方という理窟だろう）。平泉寺白山神社はもとより、白山本宮や金剣宮など、白山系の寺社は、かかる事態のなかで、古文献や史料をことごとく焼失した。

結果、越前における一揆勢の支配体制が、遅ればせながら確立する。本願寺は領国化をはかり、国中の町人・農民の納める年貢を半減する一方で、残る半分は本願寺などの収益とすると決めた。すなわち、この時点で、本願寺の封建領主としての意図は露呈しており、以後、越前守護下間頼照ら本願寺系支配者と、門徒農民とのあいだに溝を生じた。国人層を欠く越前一向一揆は、最終段階で大坊主（ならびに国人層）と門徒農民の利害対立という内部矛盾をさらけだしたのであった。

したがって、天正三年八月、信長の再度の越前侵入に際して、下間頼照が出陣を求めると、土民らは「前々所領ヲ納取テ平生活計シタル人達出相戦玉ヘト云テ、進者多モ無リケリ」（『朝倉始末記』）という有様だった。一週間余りの戦いののち、一揆側は完敗、信長勢による再度の越前支配体制が構築され、北ノ庄の柴田勝家を中心に、前田利家らの府中三人衆や大野郡支配の金森五郎八らの信長系武将により統治されることとなった。府中三人衆が築いた小丸城址（武生市五分市町）から発掘された文字瓦には、信長政権下に蜂起した一向一揆に対し、前田利家が一揆勢千人ばかりを生け捕り、磔刑や釜に入れて煮殺すといった残酷きわまる処刑をおこなったことが記されていた。

白山麓と真宗

第六章の冒頭で述べたごとく、私が本稿を書こうと思ったのは、一向一揆を浄土真宗と白山信仰との間で戦われた、わが国では珍しい宗教戦争と見て、従来はうやむやなままにされてきたその対立の様相を具体的に浮き彫りにしてみたかったからだ。けれども、結果はごらんの通りで、ざっと検証した限りでは、むしろ白山信仰側の受身で卑屈な対応ばかりが目につく。しかも、一揆に連戦連勝して史上初の「百姓の持ちたる国」を現出し、強大な本願寺王国を誇った真宗側も、結局は信長や家康など戦国の覇者に敗北を喫し、妥協に妥協を重ねて歴史の表舞台から姿を消していった。かかる壮烈な百年戦争でもって、何百万という人命が失われたことを思うと、いったい何のための犠牲だったのかと、虚しい気持にさせられる。

戦争が愚劣なことは、小学生でも知っている。といって、この世から戦争がなくなるとは思えない。先の大戦の敗北に懲り、一億総懺悔して平和憲法遵守を誓ったはずの私たちは、保守革新を問わず、今日何かといえば国益を口にし、自衛隊を海外派遣しても、核持ち込みの密約が明らかになっても、知らんぷりを決め込もうとする。誰もそれを本気で怒ろうとはしないし、憲法改正も着々日程にのぼろうとしている。識者やマスコミの正義顔した批判も、その場その場の口先だけ、お座なりな上に無力なことおびただしい。つくづく、わが国民の無原理無原則なことに溜息が出る。

孤立した原理主義者が過激な無差別テロに走る中東や、言論の自由のない北朝鮮や中国よりはまだましかと自棄になり、このあと本稿をどう続けるか、先の展望が開けずに苦しんでいた平成二十一年の年明け、若狭の金田久璋さんからの来信に、二月一日、金沢の石川県立歴史博物館でおこなわれる予定のセミナーの案内が同封してあり、「参加されませんか！」と一筆添えてあった。テーマは、「白山麓と真宗」である。白山麓の三文字には心を動かされたものの、講師の顔ぶれを見るといずれも本願寺関係者らしいので、結局、自画自賛の域を出まいと勝手に考え、手元のスケジュールがたてこんでいたこともあって、気持は不参加に傾き、せっかくだから当日配られるレジュメでも入手できればと、その旨氏に電話したのであった。

ところが、開催日が一週間後に迫り、なんだか落ち着かなくなった。これも、何かの縁かもしれぬと、しだいに前向きに考え始めていたのである。ためしにインターネットで、ホテルとセットになった往復航空券の料金を調べると、思ったよりはだいぶ安い。だからというのでもないが、すぐに予約、一月三十一日朝一番の飛行機で金沢に向かった。

小松空港から高速バスで約一時間、午前十時開会にぎりぎり間に合った。会場の石川県立博物館は、道路をはさんで兼六園の真向かいにあり、旧県立技術専門学校のレンガ造りの校舎を修復したクラシックな建物。四十数年前、新婚旅行で兼六園を訪れたときは一面深い雪に埋もれていたが、このところの暖冬のせいか、空は晴れてどこにも雪はない。館内の一室で定刻、講師三氏によるレクチャーが始まった。聴衆は五、六十名。私は前から三番目くらいの席に腰掛けた。

最初の講師、北西弘氏は元大谷大学学長。八十四歳と高齢だが、いまも朝暗いうちから起きて、真宗関係の古文書の解読に取り組んでいるという。私は氏が真宗の諸典籍、並びに一般民衆が真宗を受容するのに耳近な談義本を分析して、（A）無条件に神祇礼拝を否定するもの（『教行信証』化巻末、『愚禿悲嘆述懐和讃』、『御文』27、28、32）、（B）神を不拝不信としながらなお神は念仏者を守護すると説くもの（『愚暗記返礼』、『御文』40、41、43、45）、（C）本地垂迹説によりつつ権社神を肯定し、実社神を否定するもの（『歎異抄』第七、『諸本本懐集』、『熊野教化集』、『御文』50、54、57、59、70、83、89、98、100、114、187）、（D）権・実両社を共に肯定するもの（『破邪顕正鈔』）の四種に分類、（C）が民衆教化に果たした役割を高く評価している（『一向一揆の研究』）のを承知していたので、「日本における神仏関係」という講演で私の関心事である教義との矛盾点には重きを置かないことが予測されたが、事実、そのことに触れずじまいだった。

　続く木越裕馨氏は、加能地域史研究会の会員で、輪島にある真宗大谷派寺院の住職。白山麓山内における真宗信仰の沿革や、本願寺一門一家と他派との関係、さらには波佐谷松岡寺と山内、山内右京進の登場などについて、もっぱら真宗側の史料を用いて解説した。

　あいだに昼食時間をはさみ、最後に登壇した福井県立歴史博物館主任学芸員澤博勝氏の演題は、「近世の真宗信仰と白山信仰」。教義論よりも地域の実態分析を重く見る立場から、白山山内や石《い》徹白《としろ》での相論等を取り上げた。興味深かったのは、レジュメに添付された史料で、村民による白山登拝記『白山道記』（宝永七年）が、「道者は念仏の声を力にし一息上て息をつぐ、先達道者を取放さじと跡先に声をかはす、…（越前）室九間に二間半内に泰澄八十才の木像有」と記し、また滝波村の『お面さん由緒書』は、平泉寺焼き討ちの際に盗み出された神宝の面が、村の川上に捨て置かれ、それが今に伝わったと記していたことだ。教義がどうあれ、一揆での対立や戦乱はどうあれ、庶民レベルでの信仰は不変だったのである。また、永平寺町の『岩屋観音縁起』や遅羽町の『比島観音縁起』も、真宗の僧侶が白山信仰との関わりにおいて観音の利益を説いており、江戸時代になっても両者の繫がりは失われていない。こうした事実を知っただけでも、金沢に来た甲斐があったと、私は満足だった。

レクチャーが終了し、小憩ののち、司会者が二、三、質問を受けつけるというので、私はまっさきに挙手して、今朝、東京から来たことを言い、二点だけ講師の考えを質した。一つは、言うまでもなく、白山信仰と真宗は本来対立するものであったのに、真宗を受け入れる信徒側に葛藤はなかったのかという問題。そして、もう一つは同じことだが、一向一揆とは実は大宗教戦争ではなかったのかという問題提起である。

しかしながら、講師陣の反応は概して鈍く、唯一澤氏が近世において安芸の真宗門徒が「神棚おろし」をおこなったことに言及、従来平泉寺の焼き討ちは、信仰対象の問題などは関係しておらず、朝倉景鏡（土橋信鏡）と手を結んだ平泉寺宝光院などへの戦争行為の一環としてのみ捉えられてきたが、これからは心の問題にも立ち入って検討する必要があるかもしれないと答えたに留まった。

続いて、会場を別の部屋に移し、講師を囲んで地元研究者との討論会が開かれるというので、飛び入り参加した。初めに挨拶に立った館長の脇田晴子氏は、見たことのある名前だと思ったが、話の中に中世の都市のことをはさむので、思い出した。散所は本所、つまり権門貴族の本宅に対するもので、そこに後世賤民的性格が生まれたとして、先学の森末義彰、林屋辰三郎が唱えた散所＝被差別部落説に異を唱えた勇敢な女性学者で、たしか被差別部落史研究者の脇田修は夫君のはずだ。

私はこの席でも、自説にこだわって、白山信仰の興味深い謎について、さまざまに指摘した。ところが、文献学者の常で、文献で確かめられることにしか関心がないから、いくら説いても馬耳東風で、まるで異分子扱い（その通りには違いないのだが）である。だんだん道場破りをしているような気持にさえなってきた。彼らは文献による実証、実証で来ており、さもないと、学問的な業績とみなされないから、いよいよ視野狭窄になる。白山信仰の本場だというのに、それを何やらうさんくさいものに思っているようなのが心外だった。結局、私の発言に興味を示したのは、先の澤氏と勝山市の市史編集長ぐらいで、両氏とは名刺を交換、早々に博物館をあとにした。

真宗部落の民俗と白山信仰

帰京してから、気持を切りかえて、パソコンに向かった。ところが、なかなか考えがまとまらない。要するに、白山信仰の本場北陸は、中世以後、他宗の草刈場になった。ことに、真宗はその最大勢力で、そうでなくても衰えを見せ始めていた白山信仰は、さしたる抵抗もなしえず、結局それに呑み込まれてしまったということなのだろうか。

イスラム教やキリスト教など、砂漠に発生した一神教こそ、常に排他的戦闘的で、他宗との一大宗教戦争を厭わないが、もともと土着のシラの信仰と原始山岳信仰に、朝鮮半島を経由して渡来したpărkの信仰が加わって成立したシラヤマ信仰を中核として、それに仏教やら道教やら修験道やら渡来の信仰が習合して形を整えていった、まだら模様の、ヌエのごとき白山信仰は、逆にいくらでも異質なものを取り入れてしまうから、これでは呑んだり呑み込まれたりで、戦争にならないのかもしれない。

だが、それでもと、私はあえて考える。呑んでしまったのか、呑み込まれてしまったのか、そのどちらであるにせよ、決して他とは完全には混ざりあわない、他に還元吸収され得ない、異質なものを分泌し続けたのが、白山信仰の際立った特質ではなかったかと。

「門徒もの知らず」の言葉が流布したごとく、真宗が盛んな部落では、神祇不拝の立場から、旧来の民俗を否定し、先祖供養や年中行事には無関心なケースが多い。安芸門徒が神棚おろしや位牌おろしを強行したのは、その一例である。けれども、前述の澤博勝氏のレジュメ資料にもあったように、一揆後も真宗部落に白山信仰が生き残った例はいくつかあって、左に挙げるのは、その代表的な地域だ。

白鳥《しらとり》——泰澄の創建になる白鳥神社（祭神は伊弉冉尊と日本武尊）の所在地。美濃馬場長滝寺白山神社もこの地にあり、全盛期には「上り千人、下り千人」と言われた参詣者で賑わった。郡上八幡と飛驒白川における真宗開教の祖と言われる親鸞の弟子嘉念坊善俊（後鳥羽天皇の皇子）が錫を留めた当時は、長滝寺白山神社の盛時で布教が困難だったが、白川照蓮寺第十二世明心の頃から真宗興隆の機運が高まり、長滝寺下の寺坊は、相次いで改宗、蓮如の時代に地盤は強固になった。天文年間に朝倉氏が二度侵入——長滝寺白山神社に陣地を敷いた——したときは、門徒勢がこれをよく防いだ。他方、白山信仰側の勢力は衰微するばかりで、永正末年（一五二一）には、同寺の天台学僧敬愚が歎いて焼身入定したほどだった。ところが、江戸時代に入ると、代々領主の庇護を受け、荒廃した寺域は復旧した。いまも一月六日におこなわれる「長滝の延年」は、中世白山修験の芸能を伝えるものとして、重要無形文化財に指定されている。当地の真宗寺院では「回檀」と称して、僧侶が遠方に出向して法務を勤める習慣があるが、これは白山の御師が旦那場へ出向いて信徒を教化したのを見習ったもののとのことである。

穴馬谷——九頭竜川の最上流域。越前と美濃を結ぶ古道に沿う。鎌倉末期、三河の和田門徒系の法門が、この地を通して越前に伝えられた。のち、本願寺系へ移る。穴馬門徒の呼び名があるほど浄土真宗の盛んな土地柄で、村ごとに道場があるが、村祠には一揆後も昔のままに、白山の神像が祀られている例が多かった。

根尾——ここは、真宗高田派との繋がりが深い。この地の能郷白山神社は、平安・鎌倉時代の能面を伝存していることで有名。一九九四年九月、白山の会の仲間と探訪の折、浄土真宗専念寺へも立ち寄って話を聞いたことがあったが、住職の北野龍雄氏は大谷大学、名古屋大学、同大学大学院で哲学や思想史を修めたインテリだった。ちなみに越前・美濃の白山信仰地帯は、猿楽の前身とされる田楽が盛んで、翁面は朝鮮半島の影響を強く受けており、観阿弥・世阿弥の出た大和方面よりずっと時代をさかのぼるとする説がある。

白山中居神社の神領だった石徹白の場合、事情はより複雑だ。明治維新以前、この地の住民は年貢を免除され、苗字帯刀を許されていたが、社家・社人の別があった。社家は中居神社の鳥居前にある上在所の住人で、御師と呼ばれて、神に仕えることを本職とし、夏は白山参詣の道案内、宿坊の提供をし、冬は各地の旦那場に御札を配って廻った。一方、社人は中・西・下在所の住人で、祭りのときには奉仕するが、平生は百姓をしていた。この地に真宗が定着したのは、前述の明心が威徳寺を開いてから。「外には神事祭礼を全うし、内には一向専修の宗風を仰ぎ奉っていた」（『岷江記』）ので、宝暦以後、京都吉田家へ免許受領の際、ついでに本願寺へも参って来る者が多く、それを見つけられて、吉田家より「以後本願寺へ参ってはならぬ」という文書を突きつけられるが、守られたためしはなかったらしい。宝暦二年（一七五二）、高山照蓮寺（現高山市高山別院）の恵俊が、村内の真宗道場を改築しようとしたことを契機に勃発した石徹白騒動は、中居神社の神主石徹白（上村）豊前が、神社と村方の完全支配を企て、これに対抗した神頭職の杉本左近らが同四年幕府に越訴するという事態に発展した。豊前は京都吉田家に、左近は京都白川家に属し、村内を二分する激しい抗争が続いた。こうした対立、抗争は、明治三年に神仏分離の令が出ると、いっそう激化した。宮本常一はそれを『越前石徹白民俗誌』中で次のように書いている。

上在所は中居神社のすぐ前の在所で昔からの習慣を忠実にまもり仏寺に近付くこともなく、他の在所の社人の態度をいつもにがにがしく思い、祭りのとき仏飯を食うた者と同席することはできぬとて他在所の社人の参列を拒んだこともあったが、そうすると神輿をかつぐことさえ困難になる。なぜなら社人の役は神輿をかつぐことになっていたからである。

こうしたところへ明治三年神仏分離の令が出たので、上在所の人たちは中居神社の神地として神葬祭に改め、仏教を排斥しようとした。ところが上在所以外の人たちはこれに反対して連判し、本願寺に神祇官への交渉方を訴えたが、本願寺は腰が弱くて話にならず、ついに社人をやめて帰農しようとした。それは筋の通ったもので神祇官はこれをゆるしたが、上在所の人たちは納まらず、中居権現をすっかり神社に改め、仏像・仏具を川原に集めて焼き、さらに真宗寺にふみ込んで乱暴した。帰農派の人たちは仏像をやかれてはならないと、現場へ行ってこれを奪いとりにかかりその一部は救うことができた。そしてその仏像は中在所にある仏堂の中に安置して今日に至っているのである。

このことによって二つの部落は完全に対立し、上在所はあくまで神道を奉じて神葬祭を行ない、他の在所は真宗を信じ農業をいとなみ、普通一般の農民とかわらぬ生活をうちたてるようになった。

最後の石徹白の例はやや極端だが、一揆が猛威を振るった北陸の中心地から離れた地域でさえ、こうである。白山信仰の本場であり、真宗の金城湯池であった北陸各地において、事情は似たようなものだったのではないのか。

徳川幕府と諸藩の寺社政策

本願寺側との百年戦争で潰滅的な打撃をこうむったはずの白山信仰が、案に相違してしぶとく生き延びた例を前節でみたが、それとは別に、白山信仰が江戸時代に入って不死鳥のごとく、続続息を吹き返したについては、徳川新政権の宗教政策、福井藩・加賀藩の寺社政策によるところも大きいと思われる。そのことを具体的に知るため、初めに平泉寺白山神社の場合を検討してみよう。

平泉寺白山神社が火の海に包まれて全山焼亡したとき、危うく逃れて、越前美濃の国境付近、桔梗原に隠れた者がいた。学頭職の顕海である。彼は弟子の専海・日海と共に、天正十一年（一五八三）、焼け跡に帰り、賢聖院を建てた。やがて、羽柴秀吉によるキリスト教布教の制禁を期に、寺運が開けてくる。専海らの苦心によって白山禅定道が再興されると、大野城主金森長近は別山に社殿を建立、また平泉寺三所の正殿建立の施主となった。この金森長近は、織田信長の命を受け、大野郡の一向一揆討伐に腐心した過去があって、平泉寺白山神社に対しては、崇敬の心が篤かった。

顕海のあとは専海が住持を継ぎ、慶長五年（一六〇〇）、松平秀康が越前藩主になると、二百石を寄進され、寛永元年（一六二四）朱印地に改められると共に、玄成院を称した。専海のあとは日海、実雄が住持を継いだ。実雄は江戸上野東叡山寛永寺の開祖天海の弟子で、天海の命で玄成院に入り、以後寛永寺末となる。

天台僧の天海は、徳川家康から厚遇を得て、以後、秀忠、家光三代の幕府の政務に参画した。仏教と神道を融合した山王一実神道の立場から、家康の遺骸を日光山に移し、輪王寺を建立したことでも知られるが、江戸期に白山信仰が復興したのは、彼の力によるところが大きい。

徳川幕府や諸藩は、キリスト教を厳禁する一方で、宗門や寺院を保護した。平泉寺白山神社に対しても、社殿・寺領を寄進するなどして崇敬の態度をとったが、その実態はといえば、幕府や藩の権威に連なって、支配と統制に甘んじることでしかなかった。玄成院は毎年正月、年頭御礼のため福井城に登城して、白山権現の祈禱札を納め、護摩供養を修行して、越前藩主の武運長久・息災延命を祈った。元禄四年（一六九一）、小笠原氏が勝山藩主として入部して以後は、同城にも登城した。しかも、その一方で、寺院所有の山林および白山禅定道両側十間ずつについて、樹木を切り、草を刈った百姓に対し、五十倍にして返せという厳罰をもって臨み、平泉寺参道・菩提林についても、百姓の牛馬、歩荷の通行を禁じたので、入牢する百姓が続出した。

私が出生した父親の郷里、現勝山市村岡山寺尾の鎮守である白山神社は、おそらくこの時代に村の有力者が平泉寺白山神社から分社を勧請したものであったろうか。百年前には一揆側に加担した百姓も、往古より地元の白山を斎き仰いできたのであってみれば、ことさらお上の意にさからう理由はなかったのであろう。だが、仮にそうであるなら、信仰といい宗教といっても、その時々で優勢なものに従うだけのことでしかなく、いったいその中味は何であったのかと、馬鹿馬鹿しくもなる。

そのことは、真宗側、つまり一揆側にしても同様である。大坂石山本願寺は、証如、顕如の時代に寺内町十町を擁して自治と繁栄を誇ったが、天下布武を目指す織田信長に攻められて、苦境に陥った。将軍足利義昭を中心とする反信長包囲網（毛利輝元、小早川隆景勢など）に支えられ、第一次、第二次の闘いでは何とか持ちこたえたが、天正四年から五年間にわたる籠城戦で力尽き、同八年（一五八〇）閏三月五日、勅命による講和を受け入れて、敗北した。ところが、ここで命脈が尽きてしまったかといえば、左にあらず。顕如は石山退去後、紀伊鷺森に移り、退去に同意しなかった教如を義絶。同十三年五月、豊臣秀吉から大坂天満に寺地を与えられ、ついで十九年閏正月、改めて京都七条坊門堀川の地を寄進された。顕如の示寂後、長男教如と三男准如が後継を争ったが、文禄二年（一五九三）十月、秀吉は准如の継職を裁定した。一方、慶長七年（一六〇二）二月に至り、徳川家康が烏丸六条の地を教如に与えたため、本願寺は以後、西（本願寺派）と東（大谷派）が分立した。家康が教如をバックアップして本願寺を分裂させることになったのは、不遇者への同情ばかりではない。三河一向一揆では一揆勢に敗北していただけに、教団勢力を二分させて、その政治的な抵抗力を弱体化させようとする深謀遠慮から出た措置だった。

これを加賀藩の場合で見ると、天正八年、柴田勝家に攻められて、金沢御坊は陥落するが、前田利家は北陸に領地を拡大してゆく過程で、早くも本願寺側と誼《よしみ》を通じている。一向一揆の時代以来の領民の反抗を警戒する一方で、本願寺教団の領民に対する影響力を借りることは、領国の統治に好都合だったからである。天正十二年、佐々成政が徳川家康に通じて秀吉に謀反したさい、利家は越中国の瑞泉寺に対して、戦争に備え早々に帰国するよう要請した。本願寺の側も、能登の門徒に対して合戦においては、顕如と親密な関係にある利家のために馳走すべきこと、ただし一揆蜂起などの武力行使は、動員主体が誰であっても応じてはならないこと、この指示に背いた門徒は破門すると警告している。文禄三年（一五九四）、金沢に本願寺御坊が再興されると、利家はこれに対して制札を与えて積極的に保護した。今日に至るも、北陸の地が真宗王国と呼ばれ、のみならず仏教各派のなかで、浄土真宗がわが国最大の信徒数を擁しているのは、かかる権力との癒着の結果にほかならない。

民衆を支配し、幕藩体制を維持するために採用した徳川幕府及び諸藩の宗教政策は、じっさい巧妙をきわめた。キリスト教制禁を理由に、各家は例外なく寺院の檀家に属し、また神社の氏子になることを義務づけられた結果、寺社は信仰の場であるよりも、むしろ役所になりさがってしまった。徳川時代の宗教一般の無気力さ、創造力の欠如は覆い難く、一部の篤信者を除く大部分の民衆は、彼らの属する寺や神社には法事や村祭り以外には訪れることなく、僧侶や神主の主な機能は葬儀屋、祭祀者としてのそれであった。

明治維新後の宗教政策は、さらに罪が重い。近代天皇制を確立するため、国家神道は宗教ではなくて祭祀だと言いつくろい、神職の世襲は禁じられ、神官は官吏になった。おまけに神仏判然令と廃仏毀釈、さらには無茶な神社合祀によって、それまでなんとか持ちこたえてきた神域は、極度に混乱し、荒廃した。

戦後の宗教政策と学校教育も、ひどい。いかに戦勝国の指令だからといって、一私法人と化した神社は、信仰の空洞化以外のなにものでもないし、公教育の現場ではかつてわが国に信仰が存在したことさえ封じられてしまったのだから、今日おおかたの日本人が「無宗教」を標榜してあやしまない――私もそのひとりだが――のは、やむをえないというべきだろうか。

嘆かわしいことに、現代では宗教にかかわることというと、オウム真理教による地下鉄サリン事件ぐらいしか話題にならなかった。大半の宗教団体は脱税のための機関と化し、政教分離と言いながら、各種新興宗教が結果的に保守政党の補完勢力を形成していることは、いまや誰の目にも明らかになってきている。それで思い出すのは、阪神淡路大震災で苦しむ被災者に対して、真っ先に大量の紙オムツを提供したのは、教会でも寺でも神社でもなくて、非合法のヤクザ組織、山口組だったことだ。宗教者よ、恥を知れと言いたい。

殉教と隠れ——非転向者のゆくえ

悪い癖で、つい筆が滑ってしまった。話を元へ戻す。食うか食われるか、弱肉強食の戦国時代を生き延びるのが容易ではなかったことくらいは、想像がつく。「勅命講和」の名で呼ばれる、本願寺顕如による妥協と転向——本願寺退出と引き換えに、信長は真宗の存続を許した——は、結果的にその後の急速な復活と繁栄をもたらしたのだから、非難には当たらないという見方もできなくはなかろう。つまるところ、弱者は強者に靡くしかないのであって、それが嫌なら滅びるだけだ。すなわちそれが、地上の論理というもので、白山信仰も、浄土真宗も、その他の宗教も、そのようにして消滅を免れてきた——。

仮に右記が結論であるなら、何もこのような文章を長々と綴るまでもなかった。私が本稿を書きたいと思ったのは、じつはそうした俗論・俗説に異を唱えたいがためだった。つまり、白山信仰の本場である北陸に、親鸞を開祖とする浄土真宗が進出してきたことは、信仰史上、きわめて重要な問題を提起したと考えた結果、親鸞の「悪人正機」「他力本願」「人間の絶対的平等」という革命的な教えに対して、白山信仰の側がそれとどう向き合い、どう乗り越えていくかを問おうとしたわけだ。加うるに、ルイス・フロイスの書簡は、一揆側に戦闘を挑んだ信長が、「来世なく、また観るべき物の外、存在しないことを主張した」と伝えて、その徹底した無神論がキリスト教の宣教者たちを震え上がらせたのであってみれば、本願寺側がそれとどう対決したかも、看過できないテーマであった。それゆえ、私は一揆から戦国にかけてのこの時代を、日本には珍しい宗教戦争の時代——親鸞の存在は、ヨーロッパにおけるルターやカルヴィンの存在に匹敵しよう——と位置づけて、考察してきたのであった。

しかしながら、残された文献で見るかぎり、こうした問題に理論的に答えようとしたものはなかった。白山信仰の側がそうだったし、本願寺の側も似たようなものだ。その点では、むしろ蓮如以降代々の本願寺法主の考えは、まことに手ぬるく、狡猾でさえあった。

「大田退衆中へ　顕如」

今度大田在所之内志之同行袖而被顕忠勤之故早々属本意事誠無類心中可謂仏法再興弥馳走肝要候さためて私の存分等可在之候へとも何事も此砌之儀者聖人へたいし奉り報謝之思をはけミ一味同心に申合国堅固ニ候ハヽ可為快然候将又安心之事不珍候へとも雑行雑修をすてヽ一念に弥陀如来後生たすけ給へと申人ニハ皆悉往生すへき事不可有疑候此上にハ仏恩報尽のために昼夜朝暮にハ念仏申され候へく候此通幾度も〳〵各談合候て法義由断あるましく候尚刑部卿法眼可申候也穴賢〳〵

正月廿四日

顕如（花押）

右は、天正八年閏三月の勅命講和を不服として、天正十三年五月、和歌山の大田城に立て籠もり、最後の一向一揆を闘って、指導者五十三名の自決と引き換えに、助命されて城を引いた雑賀《さいか》衆《しゅう》へ与えた顕如の手紙（天正十四年）である。講和以前は、武器をとって闘えと檄を飛ばしていたのに、ここでは、さまざまに存念はあろうけれども、それは辛抱して、念仏三昧の生活を送るようにと勧告している。信長に屈服・妥協した彼としては、そうとしか言えないのは理解できるけれど、問題なのはこの手紙の見つかった蓮乗寺が、寛永九年（一六三二）には穢寺に編成され、同寺を中心として和歌山県下最大の被差別部落が形成された事実を、どう考えればいいかである。

周知のごとく、被差別部落の起源については諸説あって、私は古代・中世にさかのぼるものも一部にはあると考えているが、大半が近世政治起源なのを否定しようとは思わない。おそらく、そうした典型と考えられるのがこの事例で、嘆願に近い勧告の裏で、法主の指令に従わなかった末々の門徒の身分を落とし、追放する工作が着々進行していたのであろう。その仕上げが、太閤検地と刀狩、徳川幕府による身分体制の確立であった。

さすれば、顕如の屈服・妥協・転向は、宗教者にあるまじき卑劣な裏切りであったといっていい。指導者層は、自らの保身のために、新たに登場した権力者にすり寄り、権力者は権力者で、彼らの宗教的権威を利用したのである。しかも、その仲立ちをしたのが、時の天皇（正親町《おおぎまち》天皇）だったのだから、問題の根は深い。関西の部落寺院に浄土真宗が多いのは、かかる経緯によるのであって、決して被差別民への理解が深かったからではない。悪名高き差別戒名の存在も、それを証明する。

金沢御坊を陥落させた佐久間盛政が、寺内町を粛清する方針で打ち出した立町政にも、それはあらわれている。『加府事蹟実録』は、松原町立町の理由を「町端にて穢多など居住し、松原なるに依りて」松原町と名づけたと記すが、ここにはのちに藤内、紺屋と呼ばれる被差別者も集住していたはずで、彼らの一部には、身分を落とされた非転向の一揆門徒も混じっていたであろうと思量されてくる。前田利家の入部後、浅野川の枯木橋付近に追い出された賤民たちのなかで、加賀藩から行刑や宗門の取締りなど、過大な権限を託されたのが藤内で、彼らは医療にも従事している。また、埋葬に立ち会う「おんぼう」は、金沢御坊の御坊が訛ったとの説もあるから、そうであればなおさら、彼ら被差別者の前身が本願寺や時の権力者から身分貶下《へんげ》された非転向者たちだったことがしのばれる。

前田利家には、最後まで頑強に抵抗した山内衆の指導者を、天正十五年、九州征伐のときに、人質として拉致した前歴がある。いかに見せしめとはいえ、かかる非転向者、もっとも信仰心の固い人々を、宗門改めの手先に使うとは、権力側の浅ましいにもほどがある。藤内と蔑称され、おんぼうと蔑称された人々の屈辱は、いかばかりであったろうか。

そして、忘れてならないのは、これら身分貶下された賤民たちのなかには、一揆側と闘わされて敗れ、落ち延びた末々の非転向白山信徒も、必ずや紛れこんでいたであろう可能性を否定できないことだ。『道頓堀非人関係文書』は、大坂の非人二千人のうち半数が転びキリシタンであったと記しているとのことだが、私はそれを信じない。いかにも、反キリシタン教側の役人が言いそうなことだ。明治になって、キリスト教制禁が解かれたとき、長崎県浦上から隠れキリシタンが続々名乗りをあげてあらわれたことは、よく知られている。加えて、この地が、いわゆる被差別の地だったことも、今では明らかにされている。それでいて、先の大戦では原爆投下被災の中心地だったわけだから、歴史とはつくづく残酷なものだ。

しかし、どうだろうか。不利な状況にあって、なおもおのれの信仰を貫こうとすれば、殉教するか、隠れるかしかあるまい。敵味方を問わず、一揆で死んでいった無慮数百万の民衆たちを殉教者とするなら、それを生き延びた非転向の人たちは、すべて隠れ信徒といえないだろうか。それはなにもキリシタンの専売特許ではない。熊本や鹿児島の隠れ念仏の例もある。

一部指導者層を除いて、非転向の隠れ白山信徒は各地に逃亡し、散り散りになった。能郷白山に能を伝え、奥三河に花祭りの白山行事を伝えた人たちがそうなら、毛坊主と呼ばれた有髪の在家仏教者もそうだ。舞々、猿楽、陰陽師、鉢叩き、万歳、放下師、笠縫、渡守、獅子舞、遊女、勧進比丘尼、廻国聖、修験……、彼らの職種は多彩だが、いずれも魂のキヨメに従事する遊芸宗教放浪者であることで、共通している。国家から落ちこぼれ、信徒の集団からも落ちこぼれて、最後に築いた自分たちの砦。それが被差別部落の名で、一般から呼ばれているのであって、そこに多く白山神が祀られているのに、不思議はない。

第8章　白山信仰と時宗系部落

ヒジリの末裔

関東平野に、鉦打《かねうち》または磬叩《かねたたき》（別名は沙弥《しゃみ》）と呼ばれる毛坊主階級があって、時宗部落を形成していたことは、早く柳田國男が指摘していた。初見は、明治四十四年五月「人類学雑誌」第二十七巻二号に発表された『鉦及び金鼓』（『踊の今と昔』第十節）である。

「鉦を打ちて踊を為す一種の職業が昔よりありしと思はるゝ上に、其者の後裔は特殊部落となりて近年迄残れり」という文章に続けて、『新編武蔵風土記稿』『日光道中略記』『増補忍名所図会』を資料に挙げているのは、次の四例。

○武蔵国南多摩郡八王子町大字子安　二三戸

○同児玉郡丹庄村大字元安保　七戸　上野多野郡美原村大原譲原万福寺支配

『一遍上人絵伝』より
鉦叩きの様子も伺える。

○下野国下都賀郡小山町大字稲葉郷鉦打曲輪　七戸　小山町光照寺檀越
○北埼玉郡忍城下鉦打橋
これが、大正三年四月に発表された『毛坊主考』二の『念仏団体の変遷』（「郷土研究」二巻二号）になると、「此より各地の毛坊主の分布を考へて見たい。関東の平野は専ら時宗の力を用いた部面である。此派に属する毛坊主には磬叩と呼ぶ階級がある」という文章に続けて、「自分の今知つて居る限では」と断った上ではあるが、『新編相模国風土記稿』などから、以下の五例を追加している。
○川越町　鉦打町
○相模国中郡成瀬村大字石田　愛甲郡南毛利村大字温水《ぬるみず》専念寺配下
○　　同相川村上岡田　同
○　同足柄下郡豊川村大字成田
○千葉県東葛飾郡梅郷村大字山崎字大和田
加えて、先の著述では、たんに足利付近としかなかったものが、「野州下都賀郡足利本町寺中鉦打十六軒四十七人　檀那は助戸村真教寺」と明確にされ、「此部落などは農作の便宜に乏しく、夙《はや》くからよほど生活には骨折つたと見えて、老人などはよく鉦打の七変化と云ふことを語る。即ち七種の商売に早変りをすることが出来たのである。其七変化とは一に鋳掛屋、二にはチンカラカンの飴屋、三には祈禱札売、四には箍《たが》屋、残りの三種はまだ判明せぬ（以上丸山氏の話）」と、新たに得た知識が披露されてもいる。

また同じく先の著述では、上州高崎に磬打町があるとだけ書かれていたその磬打町について、「此部落の歴史は高崎志に稍々詳しく出て居る。慶長四年に磬打玉阿弥なる者箕輪の城下より茲《ここ》に移つた。同じ頃上和田（今は高崎市の大字）に慶存と云ふ同宗の者あり、亦茲に来住し玉阿弥と共に近郷をめぐりて念仏修行し、民家の施捨を受けて今の十王堂を建立したとある。十王とは閻魔に由つて、代表せらるゝ地獄の神々で、地獄教中の大立物とし崇敬せられて居たことは人のよく知る所、高崎の十王堂にも十王倶生の神奪衣婆の木像と共に地蔵をも安置し、後々まで磬打の持であつた。高崎志の説く所に依れば、磬打町の全部落は皆右二人の者の子孫である」と詳しくなっているのも、明治四十四年に論稿を発表して以来、鉦打についての関心を持続し、その後もさまざまに調べた結果だったろう。

大正三年六月発表の「鉦打居住地」（「郷土研究」二巻四号、のちに『地名の研究』中に地名考説五三として収録）では、左の十三例が加わっている。

○常陸筑波郡鹿島村大字古川字鉦打
○下総猿島郡弓馬田村大字弓田字鉦打
○同香取郡古城村大字鏑木蟹打台
○同印旛郡公津村大字下方字鏡打
○同東葛飾郡福田村大字三ツ堀字鉦打
○同同　　大字二ツ塚字金打久保
○同同　田中村大字西三ケ尾字金打

○武蔵南足立郡梅島村大字栗原字鉦打
○　同西多摩郡小宮村大字乙津字鐘打場
○甲斐南都留郡鳴沢村字磐叩
○越後岩船郡大川谷村大字荒川口字カネタタキ
○但馬城崎郡新田村大字立野字鐘タタキ
○阿波那賀郡福井村大字下福井字鉦打

けれども、その具体的な所在地に関しては、これがすべてで、鉦打についての最後の著述である『俗聖沿革史』（大正十年一月～五月）を見ても、変わりはない。

柳田は右の所在地を文献史料から割り出したのだが、それを補強した、堀一郎『わが国民間信仰史の研究』（昭和二十八年刊）の場合も同様で、『新編武蔵風土記稿』『新編相模国風土記稿』から、新たに次の四例を検出している。

○武蔵国秩父郡大宮郷　鉦打三戸
○　同榛沢郡末野村
○　同多摩郡狭山芋窪
○相模国足柄下郡成田村

が、その後は長いあいだ他の鉦打部落が発掘されることなく過ぎた。いったいに、時宗史の研究は他宗のそれに比べて大幅に立ち遅れており、開祖一遍の研究のみが汗牛充棟という有様である。めぼしい研究書は、時宗宗門内の吉川清『時衆阿弥教団の研究』（昭和三十一年）、大橋俊雄

『時宗の成立と展開』（昭和四十八年）、橘俊道『時宗史論考』（昭和五十年）、金井清光『時衆教団の地方展開』（昭和五十八年）、今井雅晴『中世社会と時宗の研究』（昭和六十年）くらいなもの、そこでも鉦打については、ほとんど触れられていないに等しかった。

ところが、最近になって私は、東日本部落解放研究所の歴史部会が時宗・鉦打研究会という分科会を発足させて、活発な共同研究をおこなっていると知り、二〇一〇年の第五回から参加してみて驚いた。報告者諸氏は、めいめい自分が住まう地域の古文書類を発掘・解読するなどして、地元の鉦打部落について以前とは比較にならぬほど多くのデータを蓄積していたのである。

関東では被差別部落の多くが時宗とかかわりを持っていることを、私は早くから承知していた。そのことは、なにゆえ東国では被差別部落の多くが白山神を祀っているのかという問題と、どこかで交叉するはずで、この問題を解くのに今後時宗・鉦打研究会を通して得られる知見が、大いに役立つだろうと予想される。以下は、これまでに同会から得た新たな知見に触発され、さし当たって現時点での私の見通しを述べた試論である。

鉦打を、時宗門内では沙弥と呼ぶが、その沙弥について、関東における時宗触頭浅草日輪寺が、安永七年（一七七八）正月に寺社奉行に提出した文書は、次のようなものだ。

沙弥由緒事

一、遊行上人下沙弥之義者、別名被慈利ト申候、或ハ当時俗ニ呼テ磬打ト申候、此モノ共之儀者、五百年前時宗元祖一遍上人諸国遊行之節ニ帰依之モノ僧俗共ニ数多随従イタシ、回国仕候、其中ニイマタ妻帯ヲ不禁無戒之剃髪ニ而、上人并僧衆給事（仕）之タメ薪水之労ヲ仕候モノトモヲ沙弥ト名附、何阿弥何阿ミト阿弥号附置召連申候、一遍上人滅後此者共モ国々因縁之地ニ立帰リ、別而藤沢近辺関八州之内相留リ上人遺誡之金磬ヲ首ニカケ、和讃并踊躍念仏ヲ相唱、在々所々修行仕、掌中之信施ヲ受候而渡世相送候、其後遊行代々上人諸国修行之節ハ、何時ニ而モ右之沙弥共其処江罷出、薪水之給事（仕）イタシ来候、今ニ至迄相違無之候、右訳合故沙弥共義妻帯無戒ニ罷在候得共、寺社御奉行御支配ニ而、ヤハリ沙門之境界ニ而御座候、依之彼モノ共住宅之処、御朱印地或ハ御除地被成下置候、

一、右沙弥共義、妻帯罷在候得者、子孫類簇次第ニ多ク罷成候故、本業之和讃念仏ヲ相唱へ、信施受候ハカリニテハ今日之渡世難相続依之、或ハ耕作、或ハ商賈等之渡世産業ヲ仕候タメ、剃髪ニカキラス、或ハ惣髪、或ハ俗髪ニ而罷在候、

一、御奉行所江罷上リ候節ハ、本寺遊行上人ゟ沙弥之法名相授リ、編綴衣着用イタシ候分ハ、古来ヨリ御奉行所惣席江罷通リ申候、イマタ沙弥号無之俗名俗髪ニ而罷在候分ハ、古来ゟ御白州へ罷出来候、

一、沙弥共関八州之内、所々数多散在仕居候故、本山藤沢寺ゟ軒別ニ下知行届兼申候故、其処最寄ノ末寺ヲ小本寺と相名附、沙弥共相預ケ候而支配イタサセ申候

一、沙弥共身分ニ附、何事ニヨラズ、其小本寺ヨリ下知指引仕候。然共所持之田畑居屋等之地面ニ相拘リ候儀ハ、其所之地頭領主ヨリ百姓同様ニ指引有之候。若又地面ニ附罪科有之、地頭領主ヨリ咎等被申附候節ハ、其咎之軽重ニヨラズ、其者共之小本寺マデ届有之候上ニテ、咎

等申附候儀ニ候、偖又宗法之上ニテ、本寺触頭ヨリ咎等申附候節ハ其所々之村役人マデ、咎之次第、本寺触頭ヨリ届候儀ニ御座候、

一、死滅之節ハ、沙弥共儀、一統ニ時宗之寺々江葬仕候掟ニ候。然処時宗門之寺、遠方ニテ不便宜ナル処之沙弥ドモヲ、共所々之寺々之内、何宗ニヨラズ、仮菩提寺ニ相頼置、古来ヨリ死滅之葬致シ来候。

これは、群馬県藤岡市譲原の時宗万福寺が所蔵していた写本（日輪寺の原本は火災のため焼失）の文章で、時宗の側が当時、配下の沙弥（鉦打）をどう認識していたかを示す基本文献といえる。すなわち、この文書によると、沙弥は別名を被慈利《ヒジリ》（聖）といい、時に磬打（鉦打）と称していた。彼らは時宗の開祖である一遍上人が諸国遊行の時に帰依した者の中で、「イマタ妻帯ヲ不禁無戒之剃髪」のままで僧衆のために薪水の労を取った者であり、歴代上人の遊行に従う者もあれば、それぞれの地に留まる者もあった。

ことに、「藤沢近辺関八州」には多く留まり、「金磬ヲ首ニカケ和讃・踊躍念仏」を唱え、信施をうけて渡世した。妻帯し、無戒であっても、寺社奉行の支配下にあり、本寺である藤沢の清浄光寺（遊行寺）もしくは、その末寺である最寄りの小本寺に管理されていたのである。地面その他で係争を生じたり、罪を犯した場合には、届けを義務づけられており、かかる管理を受け、尽しながら、本人の葬儀は小本寺が遠方であれば、他宗の寺でおこなってよいとは、それほどに本寺からは軽視された存在だった。かつては、『太平記』を初めとする軍記物語で、戦場に身を挺

して戦傷者には薬を与え、瀕死の者には十念を授け、すでに死骸となったものには念仏供養した聖《ヒジリ》、文化の面でいえば、茶道・花・造園・能・連歌などで創造性を発揮した阿弥たちが、である。

それでいて、本山への年参上や奉仕ばかりか、出銭も課せられていた。史料によると、一般寺院が年参金四百六拾四文に対して、沙弥は二百文、遊行上人相続の場合には五百文に対して弐百五拾文、さらに藤沢上人相続（御入山）の場合には、弐百文に対して百銅ずつ。衣や袈裟、院号を取得するには、それぞれ壱両、弐両弐分、五両を要したというから、あきれる。

庇護者たる時宗の側がそうであれば、享保年中の『地方凡例録』が、「沙弥鉦打類取扱方之事」で、左のように差別しているのも、やむをえないということになろうか。

九品宗、時宗坏、踊念仏を修行する宗旨は他宗と違ひ、物貰に近しきものと見へたり。其末の御影堂、扇折の九品寺の茶釜売等俗体にて衣を着する類、平人よりは一等軽き者なれは、鉦打、鉦扣等、又其下にも可立ものにて、百姓とは縁組等も不致、別者に立置事なり。先は役者類、河原者といふへき類に等し。

東国における時宗教団の展開過程と被差別部落

では、こうした鉦打たちが住まう地域のうち、柳田・堀以降に発見された所在地はどこで、被差別部落とのかかわりはどうかといえば、鉦打研究会のリーダー格である藤沢靖介氏が「解放研究」11号に発表した「時宗と関東の被差別部落――武蔵国を中心に」中でまとめてくれた「被差別部落を檀家とする時宗寺院」が参考になる（アルファベット大文字表記は、藤沢氏。括弧内は、筆者が『藤沢山日鑑』、『新編武蔵風土記稿』、『時衆教団の地方展開』などを参照して割り出した寺院の固有名。いずれの時宗寺院も配下に鉦打を擁しており、各部落の鎮守は白山神社だった）。

1、東京都西部・三多摩地方

府中市SY（称名）寺……旧南北多摩郡など東京西部の被差別部落の多くが檀徒。一般の檀家は近在に限られ、少数。同じ府中市内には国府道場としての古い縁起を持つ時宗長福寺もあるが、こちらの檀徒は一般民。

八王子市KG（高乗）寺……八王子F・M地区、町田市内の二地区が、横浜・川崎の幾つかの地区と共に檀徒。

青梅FD（福伝）寺……K地区内に無住の寺堂が現存。隣接してM地区。川越JR（常楽寺管理。

練馬AM（阿弥陀）寺……品川TY（長徳）寺末。（後述参照）。

2、神奈川県（横浜、川崎の一部）

相模原市田名KT寺……横浜T地区、川崎H地区。一部、町田市や八王子市の地も。田名にも時宗の被差別部落がある。

3、埼玉県西部（入間郡など）

川越JR（常楽）寺・JN（十念）寺……JR（常楽）寺は時宗史上、三芳野道場として名

別部落はかつて久米長久寺（時宗）の檀家だったが、近代にＪＮ（十念）寺に移る。東村山の被差別部落はかつてＪＲ（常楽）寺の檀家だったが、明治になって付近の他宗派の寺院に移る。大宮市のＭ地区も、かつては高い名刹。両寺に川越、鶴ヶ島、狭山、入間、志木の地区が属する。

4、比企郡下和名村とその周辺

嵐山町大蔵ＫＴＯ（向徳）寺……鈴木家文書で有名な下和名村を中心に、比企郡石坂・高谷・田中・引野、入間郡長瀬・坂戸、榛沢郡折ノ口・長在家など広範囲の被差別地区が属する。

5、小川町（奈良梨）のＭＦ（万福）寺……嵐山の北西に位置する。比企郡から大里郡にかけての多くの被差別部落が檀家。吉田二十五軒、赤浜二十八軒、小前田南四十五軒、さるがいと六軒、小前田北二十三軒、上ノ原十軒、飯塚十七軒、流見十八軒。

6、川本町本田ＳＹ（称名）寺……寄居町の東に位置する。もう一つの時宗寺院、古刹教念寺の客寮だった由座堂に由来する。

熊谷市成田曹洞宗ＴＺ院……時宗から転じたと伝えられる阿弥陀堂が現存する。

7、栃木県大平町榎本ＨＯ（法王）寺……周辺の三つの部落が檀家。うち小頭が居住したＡ部落は、寺が差別待遇をしていたため、明治九年頃に近隣の聖天院（真言宗豊山派）に移る。この地区では、最近まで葬式のあとに踊り念仏がおこなわれた。

同佐野市ＫＴＫ寺……佐野市内の七地区、藤岡、足利の各一地区の部落が、檀家。

8、同小山市ＫＳ（光照）寺、ＧＳ寺……周辺の数部落が所属。

9、新潟県……柏崎のＳＳ（専称）寺は、この地域の時宗の名刹だが、近辺に被差別部落があり、穢寺のように言われる場合があるという。
10、福島県……三春藩の癩者（非人）は「ジュウ」と俗称され、阿弥号を持つ時宗の徒だった。福島藩でも同様。
11、長野県……小諸・荒堀の被差別部落では、「夜明かし念仏」と呼ばれる時宗系の宗教行事が今日まで伝承されている。一遍が踊り念仏を始めた佐久は隣で、この地方一帯は時宗と関わりが深い（善光寺との関わりについては、後段参照）。
12、千葉県……最北端の関宿町では、被差別部落が時宗に帰属。水海道、五霞、古河でも同様。
13、茨城県……時宗寺院が多く残る。坂井康人氏が調査中（後段参照）。
14、群馬県……安中在の二つの時宗古刹に、富岡の被差別部落のいくつかが帰属。千代田町舞木のＥＦ寺も、部落の檀家を持つ。

こうして見てくると、時宗系寺院の多くが被差別部落に近接して立地し、被差別民を檀家として管理していた様子がぼんやりとながら浮かびあがってくる。

これらの地を地図に点で落とし込んだ結果推定される、時宗教団が被差別部落とかかわりを持つその展開過程は、以下の通りである。

武蔵国では、府中（長福寺）―川越（常楽寺）―嵐山町大蔵（向徳寺）―川本町（教念寺、称名寺）―深谷市人見（一乗寺）と、北上する線が目につく。これは時宗当麻派の本山無量光寺のある当麻（相模原）や鎌倉から見ると、府中―（久米）―川越を経由して上野や佐久を通り信濃の善光寺に達する経路に位置する。幕府所在地と善光寺を結ぶこの街道は、一遍や二祖他阿真教のみならず、歴代の遊行上人が熱心に布教して歩いたところだから、この道すじに時宗寺院が多く存在するのは、納得できる。

浅草（石浜道場）や品川（荒井道場）など、江戸湾岸もそうだ。時宗の触頭だった日輪寺は現在浅草にあるが、元は江戸前島の西北端で日比谷入江に接する芝崎（神田）にあった。浅草、品川は、港湾に立地しているが、府中、川越、川本、深谷も、多摩川、入間川、荒川に面し、河川の交通で江戸湾につながっている。時宗の布教者は、港湾や宿場や市など水陸の要地をたどって、そこに集う人びと（交通者、商業者、職人などの非農耕民や被差別者）を主な対象として、布教していたのである。

もっとも、武蔵国を中心とした東日本の被差別部落で、その宗旨が時宗一本で固まっていたわけではないことは、言っておかなくてはならない。たとえば、関八州のエタ頭、弾左衛門の菩提寺にしてからが、浄土真宗大谷派（東本願寺派）の浅草今戸本龍寺だったし、囲内の長吏たちの旦那寺も、真宗駒込長源寺か、日蓮宗浅草今戸勝雲寺のどちらかだった。相州大磯宿長吏十五軒七十八人、鎌倉極楽寺村長吏九軒の場合も、同様である。前者は、浄土宗海前寺二十一人、日蓮宗妙昌寺三十七人、日蓮宗妙大寺二十人と複檀家に分かれ、後者は、四軒ずつが時宗山之内村光勝寺と浄土宗大町村安養院、一軒が日蓮宗大町村妙本寺で、寛永二十年（一六四三）にはキリシタン宗門の疑いで、長吏七名が召捕られてもいる（鳥山洋『「相州鎌倉極楽寺村長吏類門帳」と関連する史料について』）。また、武州横見郡下和名村の場合、部落は比企郡大蔵村時宗向徳寺の檀家だったが、『鈴木家文書』は、白山宮の祭礼のほか、下石戸村修験の来訪、羽黒・湯殿山山伏の書状、大山・伊勢への参詣等々、多彩な宗教行為を伝えている（西木浩一『近世武州の「長吏」と民間宗教者』）。

つまり、東国の被差別部落において、時宗寺院が優勢なことは、まぎれもない事実だけれど、寺檀関係は決して一様でなく、その形成にあたって何か特別な権力的編成がおこなわれたわけではないことは、承知しておくべきだろう。

時宗・鉦打研究会での報告から

次いで、時宗・鉦打研究会における各氏の報告を、略々紹介しておこう。

群馬県伊勢崎市相川考古館の相川之英氏は、同館所蔵の元文元年（一七三六）「宗旨證文下書」に伊勢崎町鐘打四十九人——道満（非人）は四人、町離（エタ）は七十四人——と出ている鉦打の正徳四年以後の動静を、享保六年、宝暦十一年、寛政五年、同十年、享和元年、文化六年の「五人組御改帳」で追跡した。

同町の鉦打は、延享五年「伊勢崎町田方御縄打帳」に、「かね打屋敷東ヨリ屋敷六間五間半壱畝三歩かね打順阿弥、同長蔵、同三左衛門、五間半九間壱畝拾九歩根阿弥、同久弥、七間拾七間半四畝二歩長悦、六間六間壱畝六歩三阿弥、同順庭、同庄蔵、七間拾六間三畝歩桂言、拾六間拾七間九畝弐歩玄阿弥、五間拾七間半弐畝廿弐歩市伝」として、屋敷や田畑まで記されている。

面白いのは、ここにある戸主の名が、「明治弐年屋敷間附帳」では、それぞれに付箋が挟まれて、「順阿弥陀事改メ阿部順平、長蔵　福阿弥事改メ福島啓市、三左衛門事改め左川三吉、根阿弥事改め大川清平、久弥事改め久木弥三郎、長悦事改め悦部長吉、順庭事改め大川又五郎、桂言事吉井慶平、玄阿弥事弥部七平」と改姓名が書き入れてあることで、明治になって庶民が新たに姓名を名乗るに際して、具体的にどのようにおこなわれたかの実例として、貴重である。

この伊勢崎町の鉦打に関しては、「鉦打ぐるわの話」と題する文章のあることを、相川氏から教えられて、後日都立中央図書館で見つけた。橋田友治著『伊勢崎歴史散歩』の一節である。

茂呂越町と呼ばれ、のちに裏町の名で呼ばれた町並みは、現在の本光寺の門前までなので、本光寺から東の両側は鉦打郭の名で呼ばれたもので、星野本太夫編の「伊勢崎町新古日記」の宝暦十三年の記事によると鉦打の軒数は十二軒であり、更に天明元年の記事では、八名の人名が書かれている。大体が一遍上人によって始められた時宗系統の宗派と考えられるのは、其阿弥・三阿弥・根阿弥・順阿弥などと、アミ号がついていることである。

明治・大正期の伊勢崎織物の全盛期には、南町の名で呼ばれ、この付近一帯は文字通り柳暗花明の巷であり、ダルマの名で呼ばれた私娼の居る飲屋や、芸妓置屋などもあって、筆者の少年時代など昼間この付近を通ると三味線の音色などが流れて来たものであった。

その後昭和に入るとカフェーや喫茶店などが多くなり、戦後はこの通りもチン・ジャラジャラというパチンコの騒音で賑やかな街に様相を変えて来ている。

栃木県在住の坂井康人氏は、栃木・茨城・千葉の時宗・鉦打について、各県市町村史の関係史料や、遊行寺の公用日記である『藤沢山日鑑』の鉦打関係の記事、さらには『一遍聖絵』『五街道分間延絵図』など絵画資料も博捜して作成した、B５判53ページを超える文書を提供してくれた。各地の時宗寺院の存在や、在地の鉦打の遊行寺への年参上、小本寺とのかかわり、農地所有、生業など、多岐にわたる調査はいずれも貴重なものだが、ここでは三点のみ紹介する。

一つは、鉦打の居住区とその軒数・人数についてで、栃木県では宇都宮六軒（『宇都宮町々』は、「下河原町　□□頭助兵衛　弥五兵衛　組頭孫左衛門　小門町、扇町之東脇ハ鉦打町　小門町西ノ方、塙田村迄続　山伏13、神子2、道心5、舞太夫1、鉦打1、恵比須、座頭1、盲女2」と記す）、真岡六軒、益子一軒、日光十七人、鹿沼二軒（『延享元年押原西町明細帳』では鉦打四軒十七人、穢多五十四人、非人二十六人）、壬生十二軒（表町、鐘打七、恵美須太夫六、通町、鐘打五、穢多五）、小山七軒、野木十四軒、足利十四軒、茨城県では古河町五人、五霞村三軒、結城町十七軒、守谷町五人、境町八人、真壁町三人、つくば市上郷三人だった。

二つは、鉦打の阿弥名についてで、『新編武蔵風土記稿』が秩父領大宮郷の項で、「東西廿二町程、南北一里六町、其中に大宮町と唱へ、民家軒をならべて、市立ある所凡九町半余、路幅凡八間、坤より艮に達す、こゝにつらなる家数二百五十、此外各所に散在するもの三百九十軒、又妙見社領六十軒、其余東よりに穢多廿一戸、鉦打三戸、非人一宇あり」と記すその鉦打を、安政八年の「社領鉦打五人組御改帳」は、玉阿弥、金悦、正悦、円長、清玄、長山、宝山の七名を挙げていると指摘した。

三つは、初市と鉦打とのかかわりについてで、『栃木県史通史編4近世一』が、次のように述べていることに注意を促した。「正月十二日の鹿沼の初市は、内町西側（押原西町）の名主瀬兵衛の屋敷前に立てられ、今宮権現への奉納としておこなわれるようになるのである。そもそものいわれは、廃止された城下の跡に出来た新町であり、初市のときに市神を祭る者も無かったものを、日向村の但馬忠右衛門屋敷より引越して、松島角の店に借家住いしていた遊行派行者の鐘打ち正三と、その甥に頼んで祭りをおこない、雰囲気を盛り上げた、というのがおこりといわれている。以来、毎年正月の初市に、市神をまつるのが慣わしとなった。正月十二日に田町の角に市神の宮を持ち運んでまつり、その日は晩方まで町人がそこに詣で、町の永久繁盛を願った」。

群馬県の大熊哲雄氏からは、上州上新田村玉村宿の天保期以後の鉦打宗門人別帳を図表化したもの（父親の阿弥名を息子が世襲している）、現地の写真（堂宇や共同墓地など）に加えて、同地の沙阿弥（沙弥）藤七の土蔵に盗賊が押し入った事件にかかわって、沙弥とはいかなる身分の者か代官所が訊ねてきたのに対して、名主が答えた古文書が紹介された。そこから読み取れることは、以下の通り。

一、以前、同地の沙弥が組頭を相手取って奉行所に訴えを起こしたことがあったが、小本寺である光台寺の指示にしたがい、「以来、百姓並に」取扱ってきた。
一、沙弥という呼称を当時（安政期）でもよく認識しておらず、沙阿弥などと書いている。
一、七軒あった鉦打の中には、土蔵を持つほど経済力を有する者がいた。

一、鉦打のうち、阿弥号を持つ者は四人、俗名の者は三人だった。

一、先年、遊行上人が回国してきた折は、阿弥号の者は十徳と袴を着し、俗名の者は羽織と袴を着して出迎えた。

一、安政期には農業と小商いだけしていて、念仏などを唱えて勧進に出ることはなかった。

また、群馬県下の時宗寺院（小本寺・現存）と配下の鉦打居住地・軒数が、次のように報告された。

藤岡市満福寺……鬼石村一軒、藤岡笛木町十五軒。藤岡市仙源寺……高山村一軒、吉井村（軒数不明）、宮崎村一軒。高崎市来迎寺……高崎町十軒、金古村二軒、川浦村一軒。高崎市光台寺……上新田村六軒。安中市長徳寺……渋川村一軒。安中市聞名寺……板鼻村、清王子村（ともに軒数不明）。太田市岩松青蓮寺……伊勢崎町十二軒。館林市応声寺……館林町八軒。（有馬村一軒、白井村三軒、不動堂村四軒は、小本寺不明。また、「伊勢崎町五人組帳」に載る大胡町、大原町、市村、村田村、世良田村、鳥山村、太田町、新井村、原宿村は、軒数・小本寺とも不明）。

ここで私が他の文献で調べたことを補足しておくと、この群馬県、ことにその南部は時宗寺院が隆盛した地域で、足利だけでも満福寺、真教寺、常念寺、養念寺、定光寺、西念寺、宝光寺と七つも時宗の寺があり、鉦打も五箇郷浦村に十四軒、助戸村に十六軒四十七人（共に、小本寺は真教寺）が居住していた。

足利にこれだけ時宗寺院があったのは、一遍の後を継いだ他阿真教の布教によるところが大きい。真教寺・養念寺は、永仁五年（一二九七）他阿によって開山されたという伝えがある。彼は一遍が信州善光寺から奥州江刺に向かう途中下野を通った際同行しており、同年上野国から下野国に入った。一遍の死後、彼が最も布教に力をいれたのが、宇都宮と小山とされ、時宗は下野国南部に大きな勢力を築いたのである。

なお、前記大熊氏は、時宗・鉦打研究会が今後追求すべき課題・作業を、『近世の時宗鉦打——関東における差別の様相と研究課題』（「解放研究」二十一号）で、左のごとく整理して、方向付けをおこなっている。どれも大切なポイントなので、調査の進展が待たれる。

（1）鉦打に関する文献・資料の収集・整理と共有化を進める作業

▽文献リストの作成　▽資料の収集・整理（分類項目も検討）▽資料の新たな発掘（特に、内部資料の発掘）

（2）鉦打の実態を明らかにする基礎的作業

▽どこに存在（居住）していたか（町・村・宿、関東以外ではどのような広がりが見られるか）▽その居住地はどのような特徴を有していたか（集団性〈鉦打町・鉦打郭など〉、除地扱いの有無〈屋敷地・堂社地・耕地など〉、位置の特徴〈城下町などで〉、他の被差別民の居住地

との関係性）　▽名称について（別称・異表記の種類・事例〈聖・悲慈利・非事吏・沙弥・茶筅坊・誓願寺など〉）、阿弥号と俗名との関係（実態とその違いの意味合い、俗名でも宗教的、あるいは鉦打独特と見られるケースと百姓と同様のケースなど）　▽どこの時宗寺院（小本寺）に属していたか　▽鉦打の中には、宗門人別帳の寺請に当って、小本寺ではなく、近隣の他宗派閥寺院の宗判を受けているケースがある。時宗側ではこの事態を「預けている」と説明しているが、このようなケースをどう理解したらよいのか

（3）鉦打の活動（その性格・スタイルなど）を明らかにする作業（起源・淵源を含めて）

▽勧進廻り（門付け、回向・供養）……旦那場を形成していたか、形成していたとするとどのようなタイプのものだったか　▽装束（編綴衣・十徳など）や持ち物（鉦など）　▽葬送との関係　▽宗教施設（十王堂・薬師堂・念仏堂など）の実態とその役割　▽呪的・異能的活動の側面（市祭り・雨乞い行事などにおける役割）　▽人別帳の扱い及び通婚関係の実態（身分集団としての自立性・孤立性と差別的扱いの実態）　▽他の聖集団（高野聖・鉢叩きなど）との関連・対比

（4）鉦打の生業を明らかにする作業

▽民間宗教者としての生活基盤　農業・その他の生活基盤（検地帳などの事例とその分析、諸渡世の実態〈「鉦打の七変化」といわれる問題も含めて〉）、盆棚専売権などの事例

（5）時宗そのものとの関わりを明らかにする作業

▽一遍回国への随従という由緒の信憑性とそうした由緒形成の過程　▽時宗教団による鉦打集

団の編成と位置づけ（関係性が明白になるのはいつ頃か、すべての鉦打が時宗寺院の傘下に編成されたのか）
（6）鉦打に対する差別事件・他身分との紛争事件関係資料の収集・分析を進める作業（その身分的位置づけと差別をめぐる全般的歴史状況の解明）

長吏部落と鉦打部落の対立

さて、問題はこれら鉦打部落が白山神社とどうかかわっているかである。このことに関して私が瞠目したのは、坂井氏が前記報告において絵図とともに示した、野州河内郡大沢宿（現日光市大沢町）と同多功宿（現日光市上三川町多功）の場合であった。

『日光道中分間延絵図』には、大沢宿の入口に、「穢多」として家数七戸と白山社が描かれ、日光街道を挟んだ向かいに鉦打の集落四軒があって、近くに一里塚がある。どちらも、一般の民家とは柵で区別されているが、民家にも柵があるから、特に差別的というわけでもない。「穢多」部落の背後は愛宕山で、付近には有名な杉並木がある。

他方、『関宿通多功道見取絵図』には、多功宿入口の街道L字方に曲がる手前、街道沿いに「非人」の部落として家数四戸と白山社が描かれている。街道の向かい側に愛宕社があり、見性寺（多功氏の菩提寺）・多功城跡の南に位置している。西念寺の前の街道中心部に、市神榎がある。付近には稲荷、薬師、天王、星宮、熊野などの小祠が多数散在する。

被差別部落が白山社を鎮守にしている例を網羅的に追跡したのは、知ってのとおり、菊池山哉である。この二部落の場合は、その規模からして神社というより神祠（邸内神）と呼ぶのが相応しいが、注目すべきは前者大沢宿である。

坂井氏の報告が終わって、自由討論に移ったとき、私は氏に鉦打部落と長吏部落（エタ部落）の白山社との関係を質した。祭礼のときは、鉦打も参加するのではないかと。すると、氏はこともなげに、両者のあいだには何の交渉もない。鉦打はエタを差別していたから、一切交流はなかったと答え、他の研究会のメンバーも、全員それを肯定した。

私は耳を疑った。これは異なことである。確かに、長吏部落と鉦打部落とは、別々に道を隔てているけれど、真向かいにあるくらいだから、一般からは同列と見られていたのではないか。それなら、おのおのの旦那寺はどうだったのか。鉦打部落の氏神は何だったのか。そもそも、長吏部落や鉦打部落はいつごろ出来て、エタ部落に白山社が祀られたのはいつ、どのようにしてだったのか。

同じ坂井氏は『街道に描かれた被差別民――〈五街道分間延絵図〉解説篇補遺』で、「（小山の）稲葉郷には、鉦打曲輪があり、鉦打七軒があった（『日光道中略記』による）。彼らは、小山宿の時宗寺院（光照寺）に所属した。この寺は、地元で蔑称でよばれたこともあった」と書いているから、同地の長吏部落も同じ光照寺の檀家だったことは認めていることになる。そうであるなら、かりに坂井氏や鉦打研のメンバーの言うことが正しいとして、白山社の祭礼に鉦打が加わらず、氏神としない理由は何なのか。

信仰面のことはしばらく措いて、時宗・鉦打が長吏の支配違いを否として訴え出て、弾左衛門がそれを認めた文書ならば、たしかに存在する。鉦打が訴え出たのは、長吏が鉦打を差別したからで、長吏はそれまで、そのことを当然と思っていたわけだ。

根拠は、弾左衛門家が有する『由緒書』で、長吏としてのみずからは、「其上たるべし」として、以下の二十八座を挙げていた。すなわち、座頭、舞々、猿楽、陰陽師、壁塗、土偶作、鋳物師、辻目暗、非人、猿曳、鉢叩、弦差、石切、土器師、放下師、笠縫、渡守、山守、青屋、坪立、筆結、墨師、関守、鉦打、獅子舞、箕作、傀儡師、傾城屋の順だから、二十四番目の鉦打を配下の者と見なしていたのは、間違いない。

支配違いを認めた享保八年（一七二三）の書付は、左の通りだ。長文を厭わずに引用する。

乍恐以書付奉申上候事

池田新兵衛様御代官所

上州新田領世良田村長吏藤十申候江

一、去年十月廿三日、磬打八左衛門相咎候儀、此度従御公儀様御吟味ニ付、委細御尋ニ御座候、此儀者去年中非人共違背仕候ニ付、頭弾左衛門方より手下古法相破候者可申出旨廻状ニ而相触候間、此儀存知違、磬打八左衛門儀、親清円代より袋を持勧進貰仕候節私共方江参、其方旦那場之内相廻り候由断仕、勧進致来候処ニ、聟吉兵衛代迄相違無御座候、当磬打八左衛門儀、先年と相違、俗躰ニ而非人紛敷、其上私方江茂不通仕候、依之古法とハ格別ニ御座候間、与風途中ニ而右之訳申懸り相咎申候、別而支配ニ可仕と申儀ニ而者無御座候

一、茶筌賦り候訳御尋御座候
三代以前之磬打清円、同聟吉兵衛、右二代ハ私共居村江参、仲ケ間五・六軒、茶筌四・五本ツヽ賦り候間、御百姓共雑穀等ニ而も少ゝ宛遣度由申候得共、吉兵衛申候者、其方旦那場之内相廻り勧進仕候上ハヽ、夫ニハ及不申由ニ而、請不申候間、右之茶筌年ゝ春秋請来り候処ニ、非人出入以来四・五ケ年八左衛門義ハ不通仕、茶筌も遣不申候間、右八左衛門相咎申候、此外勧進等仕候節、私方江相届候類、数多御座候、年貢皆納以前ハ地方名主ゟ被申付、諸勧進等私為役儀相改申候、右之外申上義無御座候、右之趣委細吟味可仕旨、被為仰付、依之上州世良田村長吏藤十召呼、委細吟味仕候処、前書之通り申上候、勿論手下藤十義、世良田村ニ地久之者ニ而、只今之藤十義者、先祖丹六より五百年程打立候、依之御地方之用事、何ニ而茂相勤申候、別而死罪役幷無宿改、其外諸修行人相改候義、数代相勤来候由申候、然者右役儀等相勤ニ付、支配ニ無之諸修行人等茂附届致来候様相聞申候、依之吟味仕候得者右長吏藤十方届仕候者、鉢扣茂茶筌七本宛相賦り、旦那場之内勧進仕度由相届申候、其外傀儡師、万歳、猿引、しヽまい、大神楽、読売、さヽらすり、こきう此類茂夫ゝ之げいを仕、右之ことく場中勧進仕度由相届申候由申候、然ハケ様之類例ニ而、八左衛門義茂相咎候様ニ奉存候、然共頭有之ものを支配筋之様ニ取扱候義者、重ゝ無調法ニ奉存候間、自今以後ケ様成咎不仕候様ニ、私方ゟ急度申付度奉存候、尤私方ゟ吟味可致旨申遣候儀者、偽ニ御座候間、右藤十義、私方江被下置候ハヽ、急度糺明仕、向後無法義不仕候様ニ、堅証文申付度奉願上候、以上

享保八年卯二月廿五日

浅草
弾左衛門㊞

御支配違故町御奉行所へ被仰遣、則弾左衛門口書之土井伊予守様御役人中御よミきかせ被下候を、八左衛門并三阿弥へ被下候、本紙寺社御奉行所ニ御留被成候、以上
上州世良田村天台宗普門寺門前罷在候専阿弥娘後見八左衛門、去十月、旦那廻り之節、竹皮籠ニ茶筌入持候へ者、所之穢多、向後竹皮籠持候ハヽ、打潰シ可申旨申候ニ付、所之名主へ再三吟味給候様ニ青蓮寺、普門寺も使僧ニ而申入候へ共、兎角吟味成かね、世良田御代官池田新兵衛殿、江戸屋敷へ三度出府、願候へ者吟味被成被下て、寺社御奉行土井伊予守様へ差出候而如此御座候

すなわち、思い切り約めてしまえば、磬打八左衛門は、先々代・先代のときとは相違して、俗躰のまま旦那場を勧進し、挨拶にも来なかったので、手下の世良田村長吏・藤十が咎めた。しかし、これは心得違いだったので、今後はそのようなことのないようにするというもので、まるで「勝扇子」の一件（一七〇八年）を髣髴させる。勝扇子の一件とは、第1章でも触れたように、弾左衛門が先例を楯に操り芝居の興行権を主張したのに対して、それを否とした画期的な判決で、二代目市川団十郎が自分たち芸能者の地位が向上した証拠として大いに喜び、その訴訟記録を書写、秘蔵したことは、よく知られている。つまり、この頃になると、鉦打は脱賤化をとげつつあ

って、このことがあって以降、その後も最下層の身分が固定したままだった「穢多」・「非人」とは、地位が逆転したとも考えられるのである。

だが、このことと信仰の問題は、そのままには重ならない。もしも、鉦打が白山社の氏人から排除され、祭礼から排除されているのが正しければ、あるいは鉦打の側が白山社を氏神とすることを拒んでいたとするのが正しければ、その理由は何なのか。

白山信仰との結縁

長々と綴ってきたが、以上は本章の前提となる部分に過ぎない。ここから先は、長吏部落と鉦打部落とは、どのように住み分けていたか、時宗部落において白山信仰はどのように機能していたかを追求するのが順序だが、もはやその時間的な余裕も準備もないので、そこは飛ばして、以下は、とりあえず現段階での私の作業仮説を提示する。

もともと、私が被差別部落における白山信仰と時宗とのかかわりを強く意識させられたのは、練馬白山神社の場合に関してであった。菊池山哉は、『長吏と特殊部落』の中で次のように述べていた。

　北豊島郡練馬村谷戸
○練馬大根で有名な練馬村の南端、文字通り僻遠の地で、近頃まで顧みる人も無かつた。
○白山神、境内と言ひ、社殿と言ひ、神社らしい神社で、実以て申し分はない。境内の欅は、樹齢正に七百年、天然記念物に指定せられて、政府の保護を受けて居る。
○また東光寺なる寺がある。神社の参道にあり、さゝやかな本堂であり、本尊も新しいが、そこに建武と貞治の板碑（欠損）が保存せられて居る。（以下、略）
○農家が多いが、雑業も見受ける。東京郊外の影響で、文化建築もポツ〳〵見える。山之宿に続く大集落で、百余戸を算する。
○此の曲輪が、白山神社神木の樹齢から推して、鎌倉初期のものである事は、絶対である。信州には、推定樹齢七百年を算する大木のあつたと称する曲輪が、三、四ヶ所数へたのであつたが、其何れもが、明治になつて伐り倒してしまひ、現在残らないのを遺憾とした。夫が此処には、聳々として天高く、三本、四本、以て信州の談話を裏書するが如く、雲を摩でゝ居る。実に涙の出る程、貴重のものと言はざるを得ない。浅草弾左衛門囲ひの大木も、慶長年度に三抱へもあつたと『落穂集』にあるから、現在まで其儘であつたなら、此曲輪と其景観を同うした事であらう。（中略）
○この貴重な曲輪の残つたのは、鎌倉街道の盛ると共に衰へたのと、中世付近に練馬城が築城せられて、皮太業務の盛んであつた事によるであらうか。維新の際には、鳥羽伏見の戦に出で、また彰義隊の落武者を、暫く隠まつて置いたとの歴史を有する。

文中、東光寺とあるが、これは現在阿弥陀寺と名前が変わっており、練馬白山神社のはす向かいに現存している（山哉は、時宗寺院ではなくて、この東光寺が他の長吏部落でも、白山社とセットになっていることに注意を促した。けれども、私が調べたかぎりでは、東光寺の名を有する寺院は、新義真言系ほかさまざまで、時宗系はむしろ少なかった。とはいえ、白山信仰と東光寺の問題は、エミシや俘囚のこととともかかわって、今後別途に追求されなくてはならない)。

他方、練馬部落の長吏小頭杉本惣兵衛の甥で練馬白山神社の神主だったことのある夏山茂(本名杉本重利)は、『練馬部落異聞』の中で、この白山社は惣兵衛家(屋敷地は三千坪以上)の邸内神で、文明十四年豊島氏が拠った練馬城が太田道灌に攻められて陥落した当時は熊野神だったと述べ、さらに次のような妙なことを記していた。

当時御殿の間近にあつた、(現在)金乗院の住職はいかなる手びきがあつてか、家光の知遇をうけてゐた。その頃真宗に属する寺院が程近い宮宿の地にあつた。(現在の東京市本郷区駒込にある同名の寺の前身)この寺には付近の有力な農家や練馬を初め、赤塚、志村等の部落民が檀家であつて頗る盛んになつた。所が練馬一円は真言宗の金城湯池であつたから他宗の進出を喜ばない住職たちは長元寺追払ひを謀議した。偶々部落民多数が檀徒として帰依してゐることを理由とし、金乗院の住職をそゝのかし家光に訴願してとう〳〵長元寺を練馬から追ひ払つてしまつた。以来極近年まで練馬一帯には真言以外の寺院は一つもなかつた。しかし、練馬、赤塚、志村の部落民で真宗に属するものは、いまだにその長元寺檀家である、仏教宗派の中部落に対して最も苛酷だつたのは、真言宗であるとする説を肯定する一証左ともならう。

白山神社の真ん前にある時宗阿弥陀寺のことには目をつぶって、このように述べる真意は奈辺にあるか、すこぶる不審で、これも今後の課題としなくてはならないのだが、阿弥陀寺が練馬区内で唯一の時宗寺院であることは事実（関東大震災後、谷戸山に移転してきた十一ヶ寺は浅草田島町誓願寺の塔頭で、同寺は浄土宗）で、寺伝によれば文和年間（一三五二－五六）に遊行八代渡船上人の巡化があった。前身は時宗品川長徳寺の境外仏堂（説教所）で、付近に散在する墓地（飛び墓地の跡は、現在では阿弥陀寺管理の駐車場になっている）の管理をしていたというから、この当時からこの地域には時宗教団の救済の対象になる被差別民や沙弥同然の者が集住していたのである。やや離れた場所にある同寺の墓地には、杉本家累代の墓もある（同寺の「過去帳」は、元禄四年から記載されている）。

時宗が白山社、熊野社と縁が深いのは、一遍上人以来の伝統だが、白山の信仰も熊野の信仰も土台に密教や山岳信仰がからんでいる。となると、そもそもの初めからもつれあう運命にあった。それでいて、他宗の檀家になっている長吏部落も多数あるから、どうしてそのような違いが生じるのかも考えなくてはならず、その変遷や重層・転位もしくは差異について系統だった見通しを立てることは甚だ困難である。とりあえず、現時点で私の考えていることをおおまかに述べれば、以下のようになる。

『一遍聖絵』によると、鎌倉新仏教の殿《しんがり》に登場した一遍が白山信仰と出会うのは、信濃の善光寺に参籠して二河白道を感得したのち、郷里伊予の窪寺で専修念仏の生活に入り、十一不二の信念を確立したのに続いて、観音影現の霊地、菅生の岩屋寺で修行中のことであった。これが、一遍にとって決定的だったのは、翌文永十一年（一二七四）二月、伊予を出立して、遊行の旅を開始したことからも分かる。天王寺、高野山を経て熊野に向かい、本宮証誠殿の前で祈願していると、白髪で長頭巾をかぶった山伏姿の熊野権現が現れて、一遍に告げる。

「融通念仏すゝむる聖、いかに念仏をばあしくすゝめらるゝぞ。御房のすゝめによりて一切衆生はじめて往生すべきにあらず。阿弥陀仏の十劫正覚に、一切衆生の往生は南無阿弥陀仏と必定するところ也。信不信をえらばず、浄不浄をきらはず、その札をくばるべし」（『一遍聖絵』）

時宗教団がこのときをもって成道（開宗）の年とするのは、この告知の中に開祖一遍の思想が結晶していると考えたからだろう。

法然に始まる鎌倉浄土教が画期的だったのは、それ以前の仏教が貴族や権力者のための加持祈禱に明け暮れていたのに対して、庶民の救済に目を向けたからである。「善人なをもて往生を遂ぐ。いはんや悪人をや」と、「悪人正機」を説く親鸞の言葉に、それはあらわされているが、一遍の場合、一切衆生の往生は、十劫正覚の昔、法蔵菩薩が四十八願成就して、仏となったときにすでに決定しているというのであるから、もっと徹底していて、そこに根本的な相違がある。宗教である以上、信じることは根本のはずだが、大胆にもそれを「信不信をえらばず」と言い切ったのは、その結果である。

加えて、長吏部落とのかかわりを考えるのに、「浄不浄をきらはず」という言葉が、いっそう重要である。事実、『一遍聖絵』をよく見ると、中世に入って一段と不浄視されるようになった「異類異形」の漁夫や漁師、癩者や非人、ボロをまとった乞食までが、顔面を白布で覆った姿で、ていねいに描き込まれており、一遍のみならず、二世他阿真教や初期の遊行上人が、諸国の有力武士や守護・地頭・在家・悪党と接触をはかる一方で、遊行の道筋で積極的に、当時は「穢れている」として卑賤視された人びとのあいだにも、教線を拡げていったことが推量され、布教される側もそれを喜んで受け入れたであろうと思えてくる。

法然・親鸞の専修念仏が阿弥陀仏以外の神や仏を厳しく排斥したのに対して、一遍の宗教は神と仏をあわせ信じる雑修信仰である。日蓮宗のように他宗を排撃するのでも、禅宗のように自立本願に徹するのでもない。伊勢神宮や鎌倉の鶴岡八幡のような国家権力の奉幣する格式の高い神社は敬遠したけれど、地方豪族の尊崇する神社や在地庶民の信仰する鎮守社には、わけへだてなく接している。

時宗が白山信仰との結びつきを強めるのは、二祖他阿真教の時代である。「わが化導は一期ばかりぞ」と言い置いた師の言葉に反して、彼は教団を組織化することに力を注いだが、一遍没後の最初の布教地として、北陸を選んだのは意味深い。師の遊行の足跡が及ばなかったところからという理由もあったろうが、第6章で述べたように、京と鎌倉の中間に位置し、東国の庶民には圧倒的な人気のあった善光寺信仰と連絡するにも欠かせない白山社に目をつけた慧眼は、さすがである。

時宗というと、熊野信仰との結縁ばかり強調されがちだけれど、左に挙げるのは、白山信仰との結びつきを示唆する例だ。

一　他阿真教が越前国府で布教を始めると、在地の白山信徒が歓迎した。一方、本山である平泉寺白山神社は敵と見て、石合戦をしかけて排撃にかかったが、勢いを押しとどめることはできなかった。

二　語り本系の延慶・長門本『平家物語』と『源平盛衰記』は、時衆の語りがもとだが、「倶利伽羅合戦」での木曾義仲の勝利は、白山権現の冥加によることが強調されている。

三　真教のあとをうけた三代目遊行上人となった智得は、加賀堅田の生まれ。幼時から白山信仰の中で成長し、のち時衆となり、三代目遊行上人になってからは、白山神を教団の守護神として仰いだ（ちなみに、四代呑海は諏訪神を、五代安国は稲荷神を守護神として仰ぎ、六代以降はおしなべて一遍と同じ熊野・八幡信仰と結びついた。『新編武蔵風土記稿』高座郡当麻村無量光寺の項は、無量光寺の鎮守三社として熊野、妙見、白山を挙げ、そのうち白山について「神躰ハ三世智徳上人作」と記している）。

被差別部落と白山信仰のかかわりが生じるのは、菊池山哉によれば、源義経逮捕のため、各地の関所に長吏を配したことに始まる。長吏とは元来白山権現の最高職の呼称だから、それにあやかったのである。となれば、先に被差別部落が成立しているところに、白山信仰が持ち込まれ、そこに時宗が加わったという順序になる。

被差別部落の氏神がなぜ白山社なのか。これは大きな謎であって、いまだにすっきりとは解けないでいる。もとは、熊野、八幡、稲荷など多様な神が祀られていたのに、中世末期、惣村の形成過程、つまり宮座が形成される過程で、他の神社は被差別民を排除したのに対して、白山社はそれをしなかったから、という考えも理論上は成り立つだろう。練馬の白山神社が元は熊野社だったというのは、そう考えなくては、理窟に合わない。ただ、はっきりしているのは、明治以前の東国の被差別部落が白山神以外の神を祀った例は、皆無なことである。

いずれにしても、後発の宗教が信者を獲得するには、処女地を開拓するか、既存の宗教のうちに入り込み、その上に乗っかって、教線を伸ばしてゆくのが手っ取り早い。一遍、真教が選んだのもその方法で、神仏を合わせ信じる時宗は、神祇不拝の浄土教系信仰や只管打座を掲げる禅宗と違い、既存の神祇信仰や山岳信仰（修験道）と容易に結びついた。

介在する善光寺信仰

東国に広範に定着していた熊野信仰、白山信仰の両方に親和していたのが、善光寺聖である。そこで、真教は善光寺聖を媒介に、東国に時宗のネットワークを築こうとしたのではなかったか。

善光寺といえば、高野聖との関係も無視できない。そもそもの興りが、難波津に漂着した生き仏の阿弥陀仏を本田善光というヒジリが背負って信州まで来て建立したのであったから、いわばヒジリのメッカだった。

一遍が二河白道を会得して信仰に目覚めたことは、すでに述べた。庶民信仰としての善光寺の二大特色が、その二河白道と地下の戒壇廻りである。五来重は、その両方ともが、白山信仰の擬死再生儀礼に由来すると断言している。

善光寺で「二河白道図」が一遍を感激させたのは、普通の手段では超えがたい現世（穢土）

と極楽浄土を往来する道を指し示すからであり、これを信者に回（戒）壇巡りで体験させる方便の巧みさであった。しかし一方修験道の方でもこれを実践に生かしていたのであって、私はこれが「布橋灌頂」であったとかんがえている。（中略）

布橋灌頂は、断崖の両岸に橋を架して彼岸を浄土または地獄とし、此岸《しがん》を現世として、信者は死装束でこの布橋をわたるのである。その送迎の行列もまったく葬式そのままであったことは、十幅ほど現存する「立山曼荼羅」に見ることができる。すなわちこれも信者はいったん死ぬことによって生前の罪を滅ぼし、彼岸の姥堂《うば》（仲宮寺本堂）の扉を閉めた暗黒のなかで授戒と十念を受け、扉を開けて光明の浄土に往生する。それから還相の布橋をわたって現世に再生し、健康で幸福な余生を送ることと、安楽な往生が約束される。

私はこのような二河白道の方便が善光寺にもあったのではないかとおもうが、実は立山修験道の布橋灌頂は白山修験道に学んだものであることがわかったのである。（『善光寺まいり』）

二世他阿真教の遊行をみると、正応三年（一二九〇）夏に越前の国府を中心として以後、北陸と上野・下野・武蔵・相模、さらに北陸と関東を結ぶ信濃・甲斐などがその主たる遊行地であった。

中世後期における白山修験と善光寺信仰との関わりは、たとえば堯恵（一四三〇－九八）の『善光寺紀行』（一四六五）と『北国紀行』（一四八六）からもうかがわれる。前者では、加賀国金剣宮（白山本宮の分社）を出立してからの旅程は、七月四日　利波山・二上川・ふせの海・なこ・楓橋（泊）、五日　水橋（立山遠望）・越後国浄土・親しらず・歌のはま・いとい川、八日米山、九日　花笠の里・関の山、十日　信濃国善光寺参詣（戒壇めぐり）、十五日　戸隠山（戸隠神社奥宮参拝）、十六日　関の山　十七日　府中（直江津）の海浜泊、二十一日　早槻川（越中・加賀国境で白山を仰ぐ）。また、後者は美濃国東頼数（常縁の長男）の許より飛騨地、北陸道を辿り、三国峠を越え、上野・武蔵・相模の地を周遊して帰る一年半余の長旅であった。

堯恵は金剣宮の社僧だったから、前者はまさに白山修験としての旅で、善光寺はもとより、浄土浜・米山薬師・関の山・戸隠神社と辿るその道筋は、善光寺聖・白山聖が頻繁に往来したところであった。後者は歌人としての矢立の旅の趣だが、同じ文明十八年に道興准后（一四三〇－一五二七）が京を立ち、北陸道、東国、奥羽と『廻国雑記』の旅をしていることは見逃せない。道興は関白近衛房嗣の子で、聖護院門跡・新熊野剣校。歴とした熊野修験である。これも表面は、歌人としての矢立の旅の趣だが、じつはその裏で、応仁の乱後、急速に衰亡を余儀なくされた各地の熊野社の立て直しに奔走していたのかもしれず、そう考えると、堯恵の場合も白山修験として、同種の使命を帯びた旅だったのではないかと思えてくる。

いずれにしても、この二人が辿った道は、以前から善光寺聖・熊野聖・白山聖がしきりと往来していたのは確かで、そこに時衆が参入することで、時宗は一気に隆盛に向かった。

信濃善光寺で時衆が屯《たむろ》していたのは、妻戸と呼ばれる空間である。彼らは瑠璃壇の善光寺如来に香花灯明を供え、一心に不断念仏を詠唱した。智得は嘉元二年（一三〇四）に遊行上人となり、徳治・延慶・応長・正和・文保・元応の十六年間を遊行して元応二年（一三二〇）に没している。

この期間が時衆の白山信仰が最も高まった時期と考えられる。善光寺信仰の教線に乗って、時宗が教線を伸ばした例としては、時宗に転じた新善光寺の名をあげれば十分だろう。小野澤眞氏が作成した図表（第九回時宗・鉦打研究会報告資料。善光寺仏を奉祀する寺院を含む）から、東国のそれを拾うと、以下の通りである。

平沢新善光寺（陸奥国・現在地未詳）　十文字阿弥陀寺（山形県山形市）　白岩誓願寺（寒河江市）　上ノ山西光寺（上山市）　金瓶宝泉寺（同）　河島塩常寺（村山市）　高櫛石仏寺（天童市）　会津弘長寺（福島県会津若松市）　宍戸新善光寺（茨城県笠間市）　住吉教住寺（同）　鹿島神向寺（鹿嶋市）　舟入・大島善光寺（筑西市）　海老嶋新善光寺（同）　宮地蔵勝寺（稲敷郡美浦村）　鹿沼一向寺（栃木県鹿沼市）　卒島新善光寺（小山市）　渋井光台寺（同）　中久喜西光寺（同）　黒羽新善光寺（大田原市）　伊王野専称寺（那須郡那須町）　桐生青蓮寺（群馬県桐生市）　岩松青蓮寺（太田市）　野殿念称寺（安中市）　久米長久寺（埼玉県所沢市）　虎秀福徳寺（飯能市）　人見一乗寺（深谷市）　大蔵向徳寺（比企郡嵐山町）　奈良梨万徳寺（同小川町）　松戸本福寺（千葉県松戸市）　大竹円光寺（成田市）　佐倉海隣寺（佐倉市）　布施善照寺（柏市）　井川新善光寺（福井県敦賀市）　一条一蓮寺（山梨県甲府市）　中野新善光寺（長野県長野市）　落合新善光寺（佐久市）　府中新善光寺（静岡県静岡市葵区）

ついでに言えば、関東奥羽に広まった浄土宗名越派は、鎌倉名越の尊観の弟子、明心のとき、善光寺の南大門の横に月形坊を開いて談義所としたところから始まる。この派は辺境の地への伝道に熱心で、すでに中世、その布教は蝦夷地にまで及び、いま室蘭に近い有珠善光寺も、無名の善光寺聖によって開かれた浄土宗名越派の寺だった。江戸初期のヒジリ円空（一六三二―九五）を、私は白山修験とみなすが、彼はこの名越派の寺をたよりながら、有珠善光寺を目指して蝦夷地に渡り、多くの円空仏を残した。また、慶長年間に琉球に漂着して念仏を広め、『琉球神道記』を著して琉球の宗教事情を本土に紹介した袋中《たいちゅう》上人（一五五二―一六三九）も、名越派の僧侶だった。琉球の毛坊主、ニンブチャー（念仏者）は、その流れとされている。

善光寺信仰の中核をなした阿弥陀如来と聖徳太子を併せて礼拝する「まいりのほとけ」や黒駒太子絵像による亡者引導は、浄土真宗の秘事法門や、「かくし念仏」へも吸収されていった。越後流罪が赦免され上野国佐貫に赴くまでの年月（一二一一―一四）、親鸞はおそらく善光寺で過ごしたと思われるが、確かなことは分かっていない。親鸞が関東を去った直接の事情は息子善鸞が「善知識だのみ」なのを見かねてのことであったろうが、関東に善光寺信仰が根強く存在している以上、自らが信じる絶対他力の念仏が浸透するのには限界があると気づいたからではないか。

帰洛後の親鸞、そして続く蓮如の活躍は知ってのとおりで、浄土真宗は旧仏教の息を止め、西部日本・中部日本を中心に覇を唱えた。本場北陸で白山信仰がみるみる蚕食されたことは、前章で述べた。つまり、親鸞は信濃・関東・奥羽では善光寺信仰に敗れ、中部日本と西日本で勝ったのである。

関西の被差別部落の大多数は、浄土真宗の寺院の檀家である。穢寺といって、被差別部落専属の真宗寺院があるのは、周知のことであろう。総じて西日本方面では宗教のあり方が、東国と大きく異なっている。関東の鉦打とほぼ同態の人々は、鉢叩《はちたたき》もしくは鉢屋と呼ばれる被差別の民で、彼らは時宗ではなくて、空也上人を祖と仰いでいた。こうした違いが生じる理由として、私は善光寺信仰が東国に及ぼした影響力の大きさを、第一に考える。

時宗・白山信仰が衰微し、形骸化するなかで

時宗が繁栄の極に達するのは、過去帳の記載が最も多い応永年間（一三九四－一四二八）である。けれども、それは最盛期であったと同時に、時宗がその宗教的な意義を急速に喪失してゆく時期にあたっていた。応仁の乱の兵火は洛中の時宗寺院の多くを焼き尽くしたし、戦国時代に入ると、鎌倉以来の名族だった時宗大名の多くが没落、彼らによって支えられてきた道場も衰微した。

永正十年（一五一三）、戦国の兵火は、藤沢の清浄光寺をも炎上させた。遊行上人の遊行は有名無実となり、関東の地盤は小田原北条氏が遊行派よりも当麻派を保護したために、瓦解する。三十一代上人同念が伊賀国を廻国したとき、先年遊行の際一村時衆となった村がそっくり法華宗（日蓮宗）に転宗しているのを知って驚いたというのは、この頃のことである。

それが、やや持ち直すのは、徳川氏の祖先に時衆の沙弥がいたという伝承があったからだが、親密な期間はごくわずかで、すぐに亀裂を生じた。それは、遊行三十二代上人普光である佐竹氏の当主が家康と反目していたからで、関ケ原の戦いのあと、佐竹氏は秋田藩へ転封され、時衆は

徳川氏から忌避されることになった。

　これに追い撃ちをかけたのが、江戸幕府による宗門改めと諸宗寺院法度である。寛永期に始まったキリシタン取締りは、住民一人一人の身分をその旦那寺に保障させるという監視体制を生みだした。これを別の面からいえば、住民のだれもが旦那寺を持つという近世的な寺檀制度の確立を意味し、一方で、幕府は寺請《てらうけ》をおこないうる寺を確定する必要にせまられた。諸宗寺院法度は、各宗派の本末関係の整備、統合をおこなって、本寺が末寺を統制し、その本寺を幕府が統制する制度である。共に、寺院は表向き幕府の保護下に置かれたかたちだが、実質は封建秩序のなかに封じ込められたに等しく、これでもって仏教諸派の息の根は止められた（ただ、ここで注意しなければならないのは、幕府にとっての関心は寺院をすべていずれかの本寺に属させることと、住民をすべていずれかの寺に属させることに尽き、住民がどの宗旨、どの寺を選ぶかについては、各人にまかされていた。前述したように、東国の被差別部落の旦那寺が必ずしも時宗一本で固まっていないのは、そのためである）。

　わけても、江戸初期、すでに麻痺状態に陥っていたこともあって凋落は甚だしく、わずかに遊行上人の巡錫をもって命脈を保つのみであった。上人の遊行といっても、一遍のように粗衣のまま各地を遍歴するのではなく、金襴袈裟で供を大勢したがえた大名行列のようなもの。それにひきかえ、かつては奔放だった踊り念仏は、生気のない念仏踊りと化した。

　沙弥たちの没落も、おそらくこの頃に始まる。本山化が進むにつれて末寺は整理統合されたから、鉦打は近くに時宗の末寺を持てず、遠くの小本山の支配をうけた。寺檀制度のせいで葬祭権は各村落の寺院に移り、それでいながら村落の構成員であることを強制されたヒジリたちは、遊歴することもならずに、土地に固定された。宗教性を失った鉦打は、茶筌や盆道具の販売などで糊口をしのいだ。それでも暮らしてゆけずに、いくつもの雑業に従事せざるをえなかった。卑賤視化が進んだのは、もともと被差別者であったところに、弔いに関係するなど死穢とかかわるのが前業だったからだろうか。

以上は時宗についてだが、白山信仰の場合はどうだったかというと、中世、時宗や浄土真宗によって蚕食され、一向一揆で壊滅したものの、江戸時代になると、幕府の宗教顧問だった天台宗の僧侶天海の進言で復興が画され、各地の藩主もこれを保護したので、多少は息を吹き返した。浅草の弾左衛門が一子重態の折、邸内の白山社に祈願したところ、奇跡的に恢復した。それで、弾左衛門はいよいよ篤く白山神を祀ったので、各地の長吏部落もそれにならって、こぞって白山神を勧請した。以前から祀っていた部落は別にして、江戸期に成立した部落は、こうしたところも多かったろう。

では、鉦打部落と長吏部落が、前述の大沢宿だけではなくて、各地で住み分けていたとしたら、その理由は何であったろうか。そして、鉦打はなぜ白山社から排除されたのであったろうか。

あってはならないことだが、いまでも差別された者同士がお互いを差別する事例には、ことかかない。近接した地区に住む被差別民と在日朝鮮人は、おうおうにして他を差別するし、インドでは不可触賤民の階級が細かく分かれ、上位の者は下位の者を露骨に差別しているという。

とすれば、鉦打と長吏とが近接した地域に住まわせられながらも、決して同一の場所で生活はせず、宗教も同じであることを拒んだというのは、ありそうなことと思えてくる。

かつて被差別の民は、神社の祭礼で先払い役として、なくてはならない存在だった。鉦打もかつては一遍に同行して、庶民を信仰に導いた自覚的宗教者だった。それがこのように零落し、形骸化して、いがみ合うとは。

白山信仰と被差別の問題については、その生活や信仰の問題等々、より詳しく論じなくてはならないことが山積している。残された課題はあまりに多い。

あとがき

長年、文芸の編集者として出版社勤めをするかたわら、定年近くになって、文学の世界から民俗の世界へと横すべりしていったのは、直接には菊池山哉の著作と出会ったことが決定的だった。自著の『異界歴程』『余多歩き　菊池山哉の人と学問』『白の民俗学へ　白山信仰の謎を追って』を、自分で初期民俗研究三部作と位置づけるが、その三部作を書き終えたとき、「あとがき」で「今、ようやく『白の民俗学』の入口に立った思いがする」と書いた。

二〇〇六年六月十五日の日付が付されているから、もう七年も前になる。「白の民俗学」とは、師の谷川健一氏の学問が「青の民俗学」と呼ばれるのに対して編みだした造語だが、その後、私の研究がどこまで進展したかと言えば、忸怩たらざるをえない。

今回、『白の民俗学へ』の産婆役、河出書房新社の西口徹氏の手で、その後の仕事をまとめた本書が出るのは、正直面映い。青天のヘキレキで、不覚にも末期のがんが発見された私に、主には白山信仰と被差別の問題をめぐって現時点での研究成果を至急まとめられたし、とする氏の勧めに、ただ感謝して従うのみである。表題のテーマに沿うべく、一部に既刊収録の文章に手を入れたものも加えてあることをお断りする。

序章で触れたように、原シラヤマ信仰が、ツングース系の濊《わい》族に運ばれて朝鮮半島を南下し、渡来人秦氏のリレーで日本列島に到来し、土着のシラの信仰や仏教と習合して白山信仰が成立するまでについては、別に『海を渡った白山信仰』（現代書館）として年内に刊行予定なので、併せてお読みいただけると有難い。

文中、面識のある人は除いて、敬称を略した。本書を読んでくださった読者のなかから、一人でも二人でも、やり残した仕事を継いでくださるかたが現われることを願っている。

二〇一三年五月三十一日

前田速夫

主な参考文献（同一の書名は初出時にのみ記した）

序章　白山信仰の謎と被差別

藤本四八『白山　信仰と芸能』昭和五五年、朝日新聞社
前田速夫『白の民俗学へ　白山信仰の謎を追って』平成一八年、河出書房新社
桜井徳太郎編『民間信仰辞典』昭和五五年、東京堂出版
佐竹昭広『古代日本語に於ける色名の性格』（「国語国文」二四－六）昭和三〇年
前田雨城『色　染と色彩』（『ものと人間の文化史』三八）昭和五五年、法政大学出版局
吉田禎吾『魔性の文化誌』昭和五一年、研究社出版
『世界シンボル大事典』平成八年、大修館書店
柳田國男『明治大正史 世相篇』（『定本柳田國男集』二四）昭和四五年、筑摩書房
金両基『韓国の石仏』昭和五〇年、淡交社
呉満『言語から見た「白」の世界』（「東アジア研究」一一）平成八年
前田速夫『余多歩き　菊池山哉の人と学問』平成一六年、晶文社

第1章　被差別部落が祀る白山神

柳田國男『所謂特殊部落ノ種類』（『定本柳田國男集』二七）昭和四五年、筑摩書房
『部落史用語辞典』昭和六〇年、柏書房
夏山茂『部落に於ける口碑伝説記録の研究』（「同和事業研究」六－二）昭和一六年
柳田國男『大白神考』（『定本柳田國男集』一二）昭和三八年、筑摩書房
岩崎敏夫『磐城民俗誌』（『日本民俗誌大系一二　未刊資料三』）昭和五一年、角川書店
高木誠一『磐城北神谷の話』昭和三〇年、日本常民文化研究所
『三木町史』昭和六三年、香川県三木町
『曾良旅日記』（『おくのほそ道』）昭和五四年、岩波文庫

第2章　悪所の白山信仰

大江匡房『傀儡子記』（『日本思想大系』八）昭和五四年、岩波書店
大田南畝『奴凧』（『大田南畝全集』一〇）昭和六一年、岩波書店
折口信夫『壱岐の水』（『折口信夫全集』一五）昭和五一年、中公文庫
曲亭馬琴『南総里見八犬伝』一－一〇、平成二年、岩波文庫
『馬琴日記』一－四、昭和四八年、中央公論社
十方庵敬順『遊歴雑記第三編』（『江戸叢書』五）昭和三九年、江戸叢書刊行会
『江戸文学地名辞典』昭和四八年、東京堂出版

第3章　神の子孫であることを主張する「河原巻物」

盛田嘉徳『河原巻物』（『ものと人間の文化史』二六）昭和五三年、法政大学出版局
『三国長吏由来記』（「多麻史談」一三―一）昭和一二年
沖浦和光『竹の民俗誌』平成三年、岩波新書
脇田修『河原巻物の世界』平成三年、東京大学出版会
『梁塵秘抄』（『新潮日本古典集成』）昭和五四年、新潮社
鵜飼久市『白山神を祀る人たち・祈る人たち〔8〕――カチワウジ説話の成立についての推論』（「白山の会紀要」八）平成一六年
『込皆戸の歴史と生活』平成六年、東日本部落解放研究所
折口信夫『道徳の発生』（『折口信夫全集』一五）昭和五一年、中公文庫

『一遍聖絵』平成一二年、岩波文庫
吉野裕子『陰陽五行と日本の民俗』昭和五八年、人文書院

第4章　差別と暴力——菊池山哉の民俗世界にそって

菊池山哉『別所と特殊部落の研究』昭和二二年、東京史談会
『続日本紀』一～五（『新日本古典文学大系』一二～一六）平成元年～一〇年、岩波書店
柴田弘武『鉄と俘囚の古代史』昭和六二年、彩流社
菊池山哉『長吏と特殊部落』昭和二八年、東京史談会
三國連太郎『白い道——しかも無間の業に生きる』昭和五七年、毎日新聞社

第5章　白山信仰と柳田・折口

柳田國男『海上の道』（『定本柳田國男集』一）昭和四三年、筑摩書房
谷川健一『大嘗祭の成立』平成二年、小学館
折口信夫『水の女』（『折口信夫全集』二）昭和五〇年、中公文庫
〃『山の霜月舞』（『折口信夫全集』一七）昭和五一年、中公文庫
〃『若水の話』（『折口信夫全集』二）昭和五〇年、中公文庫
〃『大嘗祭の本義』（『折口信夫全集』三）昭和五〇年、中公文庫
〃『三郷巷談』（『郷土研究』一‐一〇、二‐一、四‐七）大正二～五年

第6章　白山信仰と中世北陸の宗教風土

前田千鶴子『あの頃』平成四年、私家版
『正法眼蔵』（『日本思想大系』一二、一三）昭和五一年、岩波書店
『本朝神仙伝』（『日本思想大系』七）昭和四九年、岩波書店
一遍『偈頌和歌』（『一遍上人語録』）昭和六〇年、岩波文庫
『太平記』一～三（『日本古典文学大系』三四～三六）昭和三五～三七年、岩波書店
大橋俊雄編『時衆過去帳』昭和三九年、教学研究所
『天狗草紙』（『続日本絵巻大成』一九）昭和五九年、中央公論社
砂川博『延慶本平家物語倶利伽羅落の生成』（『平家物語新考』所収）昭和五七年、東京美術
『遊行上人縁起絵』（『新修日本絵巻物全集』二三）昭和五四年、角川書店
『異本反故裏書』（『新編真宗全書 史伝編』六）昭和五一年、思文閣
蓮如『御文』（『日本思想大系』一七）昭和四七年、岩波書店
親鸞『和讃』（『日本思想大系』一一）昭和四六年、岩波書店
蓮如『栄玄記』（稲葉昌丸編『蓮如上人行実』）昭和三年、法蔵館
『勝山市史第二巻』平成一八年、勝山市
『本願寺文書』昭和五一年、柏書房
『拾塵記』（『蓮如上人全集 言行篇』）平成元年、河出書房新社
『叢林集』（『新編真宗全書 史伝編』一）昭和五一年、思文閣
和田重厚編『蓮如伝説を歩く』平成一五年、戎光祥出版
井上鋭夫『一向一揆の研究』昭和四三年、吉川弘文館

第7章　白山信仰と一向一揆

『朝日町誌 通史編』平成一五年、福井県朝日町
『越知山 泰澄の道』平成二一年、『泰澄の足跡』編集会議編
『白山宮荘厳講中記録』（『白山史料集』上）昭和五四年、石川県図書館協会
関野野州良『廻国雑記標注』昭和六〇年、勉誠社
『相良家法度』（『日本思想大系』二一）昭和四七年、岩波書店
村上直次郎訳『耶蘇会士日本通信』上下（『異国叢書』六、七）昭和

四一年復刻、雄松堂書店
『朝倉始末記』（『日本思想大系』一七）昭和四七年、岩波書店
北西弘『一向一揆の研究』昭和五六年、春秋社
宮本常一『越前石徹白民俗誌』（『宮本常一著作集』三六）平成四年、未來社

第8章　白山信仰と時宗系部落

柳田國男『鉦及び金鼓』（『踊の今と昔』所収、『定本柳田國男集』七）昭和四三年、筑摩書房
〃　『毛坊主考』（『定本柳田國男集』九）昭和四四年、筑摩書房
堀一郎『我が国民間信仰史の研究（二）』昭和二八年、東京創元社
『地方凡例録　完全原典版』（『近世歴史資料集成』七―三）平成二四年、科学書院
藤沢靖介『時宗と関東の被差別部落――武蔵の国を中心に』（『解放研究』一一）平成一〇年
『藤沢山日鑑』昭和五八年〜、藤沢市文書館
『新編武蔵風土記稿』（『大日本地誌大系』一〜一二）昭和三一〜三三年、雄山閣
今井清光『時衆教団の地方展開』昭和五八年、東京美術
鳥山洋『「相州鎌倉極楽寺村長吏類門帳」と関連する史料について』（『解放研究一六』平成一五年
西木浩一『近世武州の「長吏」と民間宗教者』（『部落問題研究』九九）平成元年
橋田友治『伊勢崎歴史散歩』昭和四七年、伊勢崎郷土文化協会
大熊哲雄『近世の時宗鉦打―関東における差別の様相と研究課題』（『解放研究』一二）
『日光道中分間延絵図　第五巻』昭和六三年、東京美術
『関宿通多功道見取絵図　第四巻』平成一三年、東京美術
寺木伸明・藤沢靖介監修『街道に描かれた被差別民』（『五街道分間絵図』解説篇補遺）平成二〇年、東京美術
夏山茂『練馬部落異聞』（『融和事業研究』五八）昭和一五年
五来重『善光寺まいり』昭和六三年、平凡社
堯恵『北国紀行』（『新日本古典文学大系』五一）平成二年、岩波書店

初出一覧

序章　白山信仰の謎と被差別（新稿）
第1章　被差別部落が祀る白山神（『白の民俗学へ』の一節を大幅加筆改稿）
第2章　悪所の白山信仰（別冊歴史読本『歴史の中の聖地・悪所・被差別民』新人物往来社所収、を改稿）
第3章　神の子孫であることを主張する「河原巻物」（『白の民俗学へ』の一節を大幅加筆改稿）
第4章　差別と暴力――菊池山哉の民俗世界にそって（「季刊東北学」二〇〇五年第三号）
第5章　白山信仰と柳田・折口（「國文學　解釈と教材の研究」二〇〇六年九月号掲載「白山信仰と折口」に加筆）
第6章　白山信仰と中世北陸の宗教風土（「白山の会紀要」11号）
第7章　白山信仰と一向一揆（「白山の会紀要」12号）
第8章　白山信仰と時宗系部落（「白山の会紀要」13号）

前田速夫

（まえだ・はやお）

1944年、福井県生まれ。民俗研究者。東京大学文学部英米文学科卒業後、新潮社に入社、文芸編集者として雑誌『新潮』編集長などをつとめる。著書に『異界歴程』（晶文社）、『余多歩き　菊池山哉の人と学問』（同、読売文学賞受賞）、『白の民俗学へ』（河出書房新社）、『古典遊歴』（平凡社）が、共著に『渡来の原郷』（現代書館）、編著に『日本原住民と被差別部落』（著・菊池山哉。河出書房新社）がある。近刊予定は『海を渡った白山信仰』（現代書館）と『辺土歴程』（アーツアンドクラフツ）。「白山の会」会員。

白山信仰の謎と被差別部落

二〇一三年九月二〇日　初版印刷
二〇一三年九月三〇日　初版発行

著　者――前田速夫
発行者――小野寺優
発行所――株式会社河出書房新社
東京都渋谷区千駄ヶ谷二-三二-二
電　話――〇三-三四〇四-一二〇一［営業］
〇三-三四〇四-八六一一［編集］
http://www.kawade.co.jp/

組　版――KAWADE DTP WORKS
印　刷――株式会社暁印刷
製　本――小泉製本株式会社

ISBN978-4-309-22601-9
Printed in Japan

前田速夫・著

白の民俗学へ

白山信仰の謎を追って

なぜ白山神社は被差別部落に多いのか？
先達・菊池山哉の研究に導かれ、
謎に包まれた白山信仰の実際を追う、
その探求の手は留まるところがない。
民俗学の神秘の空白部分に迫る、
渾身の書き下ろし。

河出書房新社